Los ancestros hablan

El transgeneracional, las Constelaciones Familiares y los muñecos en la sesión individual

Teoría y casos prácticos

Isabel Jiménez Caballero
Ana María Román Leo

Los ancestros hablan

El transgeneracional, las Constelaciones Familiares y los muñecos en la sesión individual

Teoría y casos prácticos

Desclée De Brouwer

Henao, 6 - 48009 Bilbao
www.edesclee.com
info@edesclee.com

Impreso en España – Printed in Spain
ISBN: 978-84-330-3274-4
Depósito Legal: BI-1053-2024
Impresión: Itxaropena, S. A. - Zarautz

A Peter con cariño.

Índice

Prólogo: Sanar el trauma transgeneracional

Peter Bourquin

Para mí, Isabel Jiménez Caballero es una auténtica maestra respecto a cómo aplicar la comprensión sistémica de las Constelaciones Familiares en un marco individual. Me fascina sobremanera cómo ella consigue, al poco tiempo de haber iniciado la sesión acompañando y guiando a su cliente con la ayuda de sus dos herramientas, el genograma y los muñecos, viajar a la profundidad del Sistema Familiar, revelando algo sepultado en el inconsciente, y abordar poderosamente un aspecto relevante, a menudo clave, para el bienestar de su vida presente.

Estos aspectos relevantes para la vida actual de uno, son habitualmente experiencias que fueron traumáticas para los familiares implicados en su momento, y que no fueron capaces de integrarlos al ser demasiado dolorosos. Hablamos de trauma transgeneracional, y en el capítulo VI el lector puede verlo ilustrado en la descripción de diversos casos. En consecuencia, se mantienen "vivos" en el Sistema Familiar y se pasan como una patata caliente de una generación a la siguiente, hasta que encuentran a alguien que está dispuesto y es capaz de escuchar, con un corazón compasivo y una mente anclada en el presente, esta vieja historia de sus ancestros, para que por fin pueda descansar.

Isabel Jiménez Caballero llama "el título del Clan" a aquello que sigue como patrón organizador en la vida de los descendientes hasta que no sea escuchado y reconocido en la forma necesaria. Los asuntos no resueltos suelen ponerse de nuevo en escena, creando una dinámica repetitiva –como si de un bucle se tratara– que se muestra en nuestra vida tanto con nuestros temas personales como al nivel sistémico, con asuntos pendientes de la propia familia. Esta es la razón por la que se pueden observar sucesos que se repiten a lo largo de varias generaciones, como por ejemplo separaciones, enfermedades o muertes prematuras que suelen ocurrir en edades y circunstancias parecidas. Al presentarse de nuevo, nos dan la oportunidad de completar lo que faltaba y encontrar la paz, cerrando "la gestalt pendiente" para que vuelva al fondo, haciendo espacio a algo nuevo.

Puede que cueste darse cuenta en nuestra sociedad moderna y cada vez más individualista, pero nuestra existencia es poliédrica, y somos tan únicos como a la vez formamos parte de sistemas más complejos, en primer lugar de nuestra familia, nuestro clan, nuestro país y finalmente de la humanidad como un todo. Y como si de vasos comunicantes se tratara, percibimos las influencias de los diferentes niveles en todo momento. Hacer visible y tangible esta dimensión sistémica de nuestra existencia de forma directa es el gran logro de las Constelaciones Familiares, creadas por el alemán Bert Hellinger en los años 80 del siglo pasado. La autora las combina con el genograma que el americano Murray Bowen, uno de los pioneros de terapia sistémica, inventó en los años 70 como un "mapa" para poder explorar mejor las dinámicas dentro de las familias. Ambos sirven para abordar estos asuntos, que de otra manera se nos escaparían con facilidad al formar parte del inconsciente familiar.

Una parte importante del presente libro se dedica a enseñar a utilizar estas dos herramientas poderosas en la sesión individual de terapia. ¿Cómo transformar los conocimientos sobre las dinámicas sistémicas de las familias en una experiencia sanadora para el cliente? Porque las palabras se quedan en la superficie, y podríamos comprender nuestra vida entera sin que por ello seamos más felices o vivamos plenamente. Son las experiencias sentidas en cuerpo y alma las que nos cambian. Quien conoce la experiencia de haber participado en una constelación grupal con representantes que sienten, se mueven y expresan, sabe de qué hablo. Para conseguirlo, Isabel Jiménez Caballero utiliza muñecos disponibles para explorar con ellos lo que el cliente trae a terapia en todo momento. Y a pesar de las obvias limitaciones –ya que de entrada son objetos pasivos– consigue con ellos llevar los procesos a una profundidad vivencial que no tiene nada que envidiar a una experiencia grupal. Es de agradecer que comparta su maestría sobre cómo hacer una Constelación Familiar individual, estructurando de forma clara su enseñanza detallada.

El objetivo de toda terapia es vivir plenamente, en el presente, la propia vida. En la medida en que los ecos del pasado ya no resuenan en uno, y que se haya integrado la propia historia con los traumas sufridos, uno se libera para simplemente ser, o en palabras de la autora: *"'Sólo Yo' es estar libre de implicaciones, identificaciones y creencias que fueron útiles en el sistema familiar en un momento dado, y ya no lo son".* Somos más que nuestra historia, y las historias de nuestra familia. No obstante, no hay atajo, y sólo cuando estas historias, estas experiencias, junto con la carga emocional que conllevan, estén escuchadas e integradas, dejan de condicionar el presente. Nos "actualizamos", como la autora le gusta decir. Entonces el futuro deja de ser una mera prolongación del pasado, sino que aparece delante de uno, para sorprenderle. Porque en la persona ahora se ha abierto un espacio en que lo esencial se puede mostrar y manifestarse, cada vez más. Esta esencia que hace único y especial a cada uno de nosotros, no está condicionada por nuestra biografía, nuestra personalidad o carácter. O como dijo hace 2.500 años el griego Píndaro: *"Ojalá que llegues a ser quien eres".*

Deseo que la lectura del presente libro ayude a muchas personas a vivir plenamente y sorprenderse.

Prefacio

Ana María Román Leo

Primero fue la amistad. Luego, casi sin querer, vino lo de trabajar juntas.

El caprichoso azar, o quién sabe si algo más grande que nosotras, quiso que nos conociéramos porque en Málaga éramos medio vecinas con algo que compartir, pues las dos nos dedicábamos a lo mismo desde distintas ópticas pero, al fin y al cabo, compartiendo la pasión por el acompañamiento terapéutico. Ambas habíamos hecho de esta pasión nuestra profesión.

Este libro es fruto de un caminar juntas que iniciamos hace unos 10 años, y también de mi gran admiración por lo que hace Isabel profesionalmente y por cómo lo hace, tan a su manera. He tenido el privilegio de ser testigo todo este tiempo, un año tras otro, de las formaciones que con tanta entrega lleva impartiendo con "sus muñecos". He estado como organizadora y como observadora en sus talleres formativos, y desde ese lugar nace una admiración y un respeto profundo por su particular visión dentro del mundo de las Constelaciones Familiares.

Quien conozca a Isabel entenderá por qué me siento una privilegiada a nivel profesional, pues es un no parar de aprender y crecer. Y también por la amistad que nos une, por esto me siento mucho más afortunada. La conocí bailando y seguimos danzando, cada una a su manera, a su estilo, compartiendo a veces espacios profesionales y personales. Todo mezclado y, al mismo tiempo, nutriéndose una parte de la otra de una forma para mí muy orgánica y bonita.

Me acuerdo del momento exacto en el que surgió "la chispa" del gran desafío de escribir este libro. Estaba entonces como observadora en una de sus formaciones, tomando notas de todo lo que Isabel decía en las clases, con los ojos muy abiertos y la mano rápida, intentando pillar todo lo que iba diciendo, tan interesante y revelador. Sentía que esa forma genuina de explicar, de transmitir, sus metáforas... eran una verdadera joya y, embelesada, maravillada, o quizás más conectada o inspirada que otras veces, no lo sé, de repente sentí que aquello que hacía y cómo lo hacía llegar en sus formaciones bien podía ser un libro. Si reproducíamos sus clases tal cual, más personas podrían beneficiarse de su manera de entender las Constelaciones Familiares, de su madurez como profesional con tantos años de experiencia. Además, yo ya estaba recogiendo todo lo que decía, así que pensé: *¡Ya está casi hecho entonces el libro!* Así lo sentí, me atravesó una intuición con la que mi cuerpo entero vibró.

Aún recuerdo el entusiasmo con el que aquel día le pedí hablar en privado en uno de los descansos de las formaciones. Le dije: "¡Isabel!, estoy cogiendo todo lo que dices, es muy, muy valioso, podríamos escribir un libro con el contenido de estas formaciones. Entre las dos podremos hacerlo, es cuestión de ponerse a grabar y transcribir, y luego darle forma juntas. Lo podemos hacer las dos si quieres, pero aquí hay un libro, estoy segura".

Y me dijo, como suele hacer, validando todo lo que se me pasa de una forma espontánea por la cabeza, "¿Sí? ¿Lo has sentido? ¡Pues venga, adelante!".

Luego, evidentemente, supuso mucha más elaboración de lo que imaginábamos las dos, mucho proceso, muchos cambios. No estaba ya escrito en mis cuadernos, como ingenuamente creí, pero sí fue el inicio, el arranque de una ilusión que empezaba a coger fuerza. Luego fuimos pidiendo permiso en las clases para grabar y así poder ir transcribiendo más cómodamente, y poco a poco fuimos eligiendo trabajos interesantes de los alumnos que podían ser valiosos para este libro. Empieza así mi proceso de transcripción, caso a caso, palabra a palabra, para luego darle juntas la forma necesaria.

Cuando llegó "el confinamiento" y las clases pasaron a formato online, casi obligadas pero descubriendo todo un mundo que se nos abría, nos encontramos con uno de los regalos de aquel periodo: las clases podían ser grabadas incluso con imágenes. Todo fue mucho más fácil, y pudimos empezar a transcribir directamente los casos juntas, sólo lo que veíamos más claro e importante. Dejé de trascribir sola, y esto fue un paso decisivo. Ahí Isabel se energetizó más, llegó una nueva ola de entusiasmo para las dos.

Otro regalo del "confinamiento" fue que nos dimos cuenta de que ya no teníamos que quedar físicamente para ir estructurando y dando forma a las transcripciones de las clases, que podíamos hacerlo cada una desde su casa pero juntas, más cómodas, sin perder tanto tiempo en los traslados, ella desde Cádiz, yo desde Málaga. ¡Regalazo! ¡Ahora sí que estábamos más cerca del proyecto! Empezaron nuestros encuentros online todos los miércoles por la mañana en la plataforma Zoom, primero para contarnos nuestras cosas, luego para ir concretando y estructurando.

Y así nacieron los siete casos prácticos de este libro. Desde aquí nuestro agradecimiento, también en nombre de Isabel, a Francisco, Maribel, Luisa, María José, Ana Cecilia, Adelaida y Paula; alumnos que generosamente se prestaron a dejarnos transcribir sus trabajos personales, que en su momento formaron parte de su proceso y formación.

Luego, una vez terminados los casos prácticos, Isabel comenzó a redactar la parte teórica sin tener tanto en cuenta ya las transcripciones. Ahí vino un periodo en el que ella escribía por una parte y yo corregía por otra. Luego volvíamos a mirar juntas lo escrito para ponerle palabras y expresiones más precisas. Yo dibujando los genogramas, dando estructura al conjunto, creando preguntas para nuestra entrevista que también aparece en el libro. Ella generando por su cuenta nuevas ideas y nuevas palabras. Todo un proceso, largo, lento, mimado, queriendo también disfrutarlo, en el cual puedo decir con orgullo que fuimos un gran equipo, un equipo de verdad.

Quizás mi aporte principal fue mi compromiso, mi entrega, acompañar en todo el proceso, contagiar con esa idea inicial que parecía un poco loca. También buscar juntas la manera de decir con más claridad lo que ella quería. Escucharla en sus reflexiones y tener la habilidad de escribir la idea al vuelo, tal cual iba surgiendo su inspiración. En partes de este libro, como la entrevista que aparece, ella expresaba y yo transcribía conforme hablaba. Tengo que decir que escribo sin mirar y a mucha velocidad en el ordenador, una gran ventaja de mis estudios de mecanografía en mi adolescencia que me aburrían profundamente, ¡quién me iba a decir que en algún momento importante de mi vida, como este, lo iba a poder poner en juego!

Isabel y yo nos asociamos un día de la forma más inocente, dándonos un baño en una playa de Málaga, un día de ocio y disfrute, contándonos nuestras cosas. Ahí surgió lo de empezar a hacer cosas juntas, y desde ahí hasta hoy, jamás nos hubiéramos imaginado ninguna de las dos todo lo que íbamos a compartir y crecer, tampoco lo de este libro.

Un libro quizás orientado a personas que ya tienen algún conocimiento de Constelaciones Familiares e interés en llevarlas a la sesión individual. Está también dirigido a personas que ya trabajan con los muñecos pero a las que les faltan conocimientos de Constelaciones Familiares que quieren simplemente ampliar. Ojalá también pueda llegar a personas que por primera vez se estén acercando a este mundo tan revelador y apasionante de las Constelaciones Familiares, pues de seguro no les dejará indiferentes.

La estructura de este libro presenta dos partes bien diferenciadas. La primera es el Bloque Teórico sobre su trabajo con los muñecos, su forma de ver las Constelaciones Familiares en la sesión individual, el genograma, qué debe tener en cuenta un facilitador, su particular mirada, su forma de nombrar los distintos conceptos y sus explicaciones utilizando sus distintas metáforas...

Y la segunda parte, el Bloque Práctico, consta de los siete casos personales tomados de las formaciones. Aquí aparece también la entrevista que le hago, con el propósito de esclarecer algunas cuestiones que nos parecía interesante señalar, dadas las preguntas frecuentes que hacían y siguen haciendo los alumnos en clase.

Las dos esperamos con mucha ilusión que este libro pueda sumar al apasionante mundo de las Constelaciones Familiares, a mí me cambió la vida conocerlas. Haber estado en todo el proceso y haber aportado mi parte ha sido una forma de agradecer todo lo que me ha dado y regalado esta maravillosa herramienta. Ha sido todo un desafío y un reto, desde luego, que con orgullo puedo agradecer a Isabel, a la vida, y también a mí misma, desde lo más profundo de mi corazón.

Gracias Isabel por estar en mi vida.

Gracias también por cómo me miras.

Parte I
Bloque teórico

1

¿Por qué actualizar el lugar que ocupa la persona en su Sistema Familiar?

Vivir en el presente parece algo evidente, ¿dónde si no? Sin embargo, no son muchas las personas que lo habitan realmente. Estar en el presente implica dar respuestas actualizadas a las demandas del momento. Respuestas en sintonía con nosotros mismos. En muchas ocasiones, las respuestas que damos son más bien reacciones desproporcionadas que complican las situaciones en lugar de simplificarlas o resolverlas. Reacciones desajustadas a la realidad que además excluyen a elementos o personas que forman parte de esa realidad. Esta exclusión es un intento de solución que, sin embargo, tiene como resultado perpetuar el problema. Lo más grave ocurre cuando en ese intento de solución uno mismo queda también excluido, no se tiene en cuenta en la ecuación, renuncia a ocupar su lugar o a coger lo que es suyo.

¿De dónde salen estas reacciones desproporcionadas que nos alejan de los demás y de nosotros mismos? Parece que en lugar de vivir en el presente habitamos en una realidad diferente, que es a la que damos respuesta. Pareciera que estamos en distintos planos de realidad a la vez; el que tenemos a la vista y otro que no vemos, pero que actúa en nosotros sin que lo sepamos. Cuando revisamos nuestras creencias y nuestros valores, a menudo son antiguos y están cristalizados en nuestra psique, creando límites en nuestra vida donde no los hay, o haciéndonos sentir situaciones con un dramatismo y una gravedad que pocas veces tienen que ver con lo que nos está pasando. Se diría que esas creencias y valores corresponden más a otra época y circunstancias que a las actuales. Es por eso que, en lugar de ser un apoyo, actúan como un ancla que frena nuestro avance y suman una carga innecesaria e invisible a nuestro viaje en la vida.

Pasamos una gran parte de la vida intentando cumplir una serie de demandas internas y externas, con la ilusión de que eso nos permita sentirnos a salvo, merecedores de un lugar en la vida y de un reconocimiento exterior, cosa que muchas veces no ocurre. La frustración aparece cuando uno se siente como un niño que renuncia a sí mismo una y otra vez y al que, además, nadie premia por hacer bien sus deberes. Una frustración que no desaparece por mucho que hagamos más cosas y mejores.

¿De dónde surgen estas demandas internas que se activan como si fuesen un programa de serie en el ser humano, arrastrándonos muchas veces a ser quienes no somos para ver si así nos quieren o nos aceptan? Si fuésemos realmente libres nunca renunciaríamos a nosotros mismos para conseguir algo, o estar con alguien. La propuesta es empezar a descubrir estas dinámicas distorsionadas, antiguas y estériles, que no sirven a nadie y que se repiten de muchas maneras como en un bucle que nos impide desarrollarnos en la vida con más poder y facilidad.

El hecho de identificar estas dinámicas, y entenderlas cada vez más, es uno de los pasos necesarios para salirse de ellas y conseguir más libertad personal. Llegar a un estado de libertad real, o al menos acercarse a él en lo posible, nos permite decir la verdad sin miedo a la pérdida o la exclusión, o, en cualquier caso, nos lleva a asumir mejor ese temor, pérdida o exclusión. Esto nos convierte en adultos responsables y no tanto en niños leales y reactivos.

Responder a los desafíos de la vida como niños que no quieren perder su pertenencia al Clan, repitiendo lo que han vivido los suyos como una forma de amor ciego hacia ellos e incorporando sus creencias y valores como referentes en una vida que ya no es la que ellos vivieron, alimenta esas dinámicas distorsionadas que sólo nos precipitarán hacia una vida llena de experiencias frustrantes. Parece fundamental iniciar un proceso de actualización de la persona en cuanto a sus referentes (creencias y valores), sus lealtades y el lugar que ocupa en su Sistema Familiar.

¿por qué actualizar el lugar que ocupa la persona en su Sistema Familiar?

Actualizar significa lograr que algo se vuelva actual, es decir, que esté al día. Y esto es algo fundamental para habitar el presente y poder responder a los desafíos más que reaccionar a ellos. Reiniciar, por otro lado, significa recomenzar, volver a empezar, limpiando el sistema operativo de los programas obsoletos y bloqueados que ya no sirven. Por tanto, para hacer un proceso de actualización ayudaría ir hacia atrás para explorar los hechos ocurridos en el Sistema Familiar de la persona, e identificar los acontecimientos y los miembros implicados que puedan resonar con el sufrimiento y los conflictos que se dan en el presente. Este sería el reinicio: volver atrás para reconocer lo que pasó allí y a quiénes les pasó, y retornar al presente con la desidentificación de aquello. Cuando queremos reiniciar un programa o una aplicación para su correcto funcionamiento posterior, necesitamos cerrarlo primero.

En el trabajo de actualización de la persona en su Sistema Familiar también deberíamos cerrar el programa que está en curso, a través de un reinicio de asuntos pasados que quedaron "colgados", bloqueados o excluidos. Se trataría de hacer esto no sólo con sus asuntos pasados, sino también con los de algunos de los miembros de su Sistema Familiar. Después de un reinicio en el que se han desvelado algunos de los bloqueos que quedaron atrás, la persona se ha desidentificado de los que no les correspondían y ha cerrado o asumido los que sí, y ocupará un nuevo lugar en el Sistema Familiar y empezará a conectar con su propio Ser. Saber que el hecho de pertenecer a un Clan implica la herencia o la "descarga" en nosotros de ciertos "programas", no sólo genéticos, sino también energéticos emocionales y sentimentales, nos indica lo capaces que somos de salir de ellos.

En este trabajo que propongo de reiniciar el "sistema operativo" de la persona mediante la actualización del lugar que ocupa en su Sistema Familiar, hay una técnica que llamo "la técnica del Barrio Sésamo", y que es tan práctica como sencilla. Consiste en recordar quién es quién a las figuras que hay sobre la mesa, representando a los miembros del Sistema Familiar de la persona. Por ejemplo: "Tú eres mi padre y yo tu hijo, tú eres tú y yo soy yo, tú eres el grande y yo el pequeño...". El efecto tan novedoso y clarificador que he comprobado que tiene este recordatorio para la persona, y que parecía tan evidente para ella, me sugiere que en su inconsciente no estaba tan claro. Por ello, aunque este trabajo de actualización de la persona en su sistema, es mucho más complejo, también hay una parte de él tan simple como evidente, y que consiste en que la persona recuerde quién es ella, al menos en relación con su Sistema Familiar. Si no es así, la inercia de ocupar lugares que no le corresponden en la vida se le hará visible una y otra vez.

Cuando hablo de "proceso de actualización" de la persona en consulta, es mi manera de nombrar este trabajo, tan apasionante como profundo, que realizo a través de la visión de las Constelaciones Familiares, la historia transgeneracional y la representación con muñecos. Acompaño a la persona a concluir partes de la historia de los suyos, para diferenciarse de ellos y ocupar así su lugar. Esto le permitirá aterrizar cada vez más en el presente y desde ahí generar una respuesta genuina en su vida.

Cuando los ancestros hablan a través de su historia no es tanto para que esta se siga repitiendo, sino más bien para que sus descendientes puedan ser libres ante ella.

2
Las Constelaciones Familiares en la sesión individual

Llevar las Constelaciones Familiares al ámbito de la sesión individual, amplía las posibilidades de abordar el asunto que la persona trae a consulta, y ayuda a alcanzar lugares de exploración a los que de otra manera no hubiésemos podido llegar. Permite ampliar la forma de ver al cliente y la manera de verse él mismo. Aporta la posibilidad de dar un salto en el trabajo terapéutico que estemos realizando con él, ampliando la mirada sobre sus conflictos y su síntoma, desvelando lealtades, identificaciones y asuntos no resueltos en su historia personal y en la de su Sistema Familiar. Aplicar las Constelaciones en la sesión individual posibilita que la persona evolucione de la autocrítica, la culpa o la frustración por su síntoma, hacia un estado de entendimiento y compasión hacia sí misma y hacia los otros. Esto le facilitará, a su vez, hacer en su vida movimientos más saludables, no sólo para ella, sino también para todos los que estén implicados en su conflicto.

La propuesta para llevar las Constelaciones Familiares a la sesión individual consiste en construir el genograma de la persona, explorando con ella su historia familiar para orientarnos después con él en la sesión como si fuese un mapa con posibles rutas. Usar los muñecos como representantes de escenas pasadas y actuales servirá para actualizar sus lealtades ciegas y obsoletas,; y sus creencias y valores.

Conocer las historias familiares de clientes y alumnos, para trabajar desde este enfoque con el síntoma que traen a consulta, me ha llevado a “entrar” una y otra vez en escenas y situaciones en muchas ocasiones difíciles y complejas. Con el tiempo he podido ver que lo que más ayuda a mirar estas escenas, tanto al facilitador como al cliente, es adentrarnos en la historia personal y en la del Sistema Familiar de la persona con la mayor neutralidad posible, compasión, o como mínimo respeto. He observado cómo esta mirada reconciliadora es la que más ayuda a sanar y, por ello, estará siempre presente a lo largo del desarrollo de este libro.

En muchas ocasiones, lo que la persona plantea en consulta es su dificultad, más o menos seria, para relacionarse consigo misma, con la vida, con los demás, o con todo a la vez. Esta forma de relacionarse suele tener que ver con estar excluyendo algún aspecto propio o externo, como "fórmula" para sobrellevarlo. Esa exclusión es una solución y a la vez, con el tiempo, es también el problema. Si este intento de resolver un asunto excluyéndolo, lo identificamos en generaciones anteriores, como la fórmula que también ellos tuvieron para poder sobrevivir a algo difícil, ya tenemos un bucle de asuntos pendientes que se repiten en el tiempo con la intención de ser resueltos. Vivir con algo excluido genera sensaciones de que" falta algo", o de que algo no está en orden o en paz. Y eso es lo que posiblemente viene a rescatar el síntoma, al traerlo de nuevo al presente hasta que pueda quedar en paz.

Lo que la persona cuenta de su historia familiar y lo que trae a consulta como síntomas tienen muchos más puntos en común de lo que ella pudiera imaginar. Sin embargo, lo que separa normalmente las dos historias son muchos años y circunstancias completamente diferentes. Esto es lo que me invita a explorar con ella aquellos hechos, a través de escenas planteadas con los muñecos, para que pueda ver cómo lo que ahora vive con emociones desproporcionadas y limitantes, en el pasado sí que tuvo un sentido más legítimo para ser vivivo de esa manera. Esta constatación es lo que le permitirá iniciar lo que yo llamo un proceso de actualización, es decir, un proceso que le ayude a estar más en el presente y que le desvele el lugar que ha estado ocupando en su Sistema Familiar por alguna lealtad inconsciente. Un proceso que le permitirá descubrir qué es lo que sigue vivo de todo aquello que pasó y que ahora además ya no es necesario conservar, puesk las circunstancias son completamente diferentes. Actualizar su lugar en el Sistema Familiar facilitará que pueda vivir con menos carga lo que le ocurre en el presente.

Conocer la historia transgeneracional del cliente a través del genograma, observar las imágenes creadas por él con las figuras que representan escenas pasadas y presentes, y el lugar en el que el propio cliente se coloca en relación a todos, es una forma accesible, útil y clara de llevar las Constelaciones Familiares a la sesión individual.

Quisiera contar un ejemplo de esto a través de un caso reciente. Una clienta plantea en consulta la intensidad de sus sentimientos de desamparo, impotencia, aislamiento, sus dudas acerca de su supervivencia. Además de soportar mucha presión y responsabilidad con toda la familia, ya que le consultan todo por el hecho de ser médico. Todos esos sentimientos los percibe como desproporcionados, limitantes y recurrentes. Cuando hacemos su genograma, aparece una historia por parte de su padre que nos habla de cómo allí sí que "encajan" esos sentimientos de forma más coherente y legítima. Su abuelo paterno estuvo recluido en un campo de concentración durante tres años, (posiblemente con sentimientos profundos de desamparo, aislamiento, impotencia y dudas acerca de su supervivencia). Tenía mujer y cuatro hijos pequeños. Su abuela carecía de recursos y debía mantener a cuatro hijos pequeños sin saber si su marido volvería vivo o muerto y cuándo lo haría (posiblemente viviendo ella también esa situación con sentimientos de desamparo, impotencia y dudas acerca de su supervivencia y la de los hijos). Finalmente su padre, que con doce años era el mayor de los cuatro hermanos, se tuvo que poner a trabajar en "mil" oficios para ayudar a su familia (posiblemente con sentimientos de impotencia y gran responsabilidad y presión). Para esta persona fue de gran ayuda, ver una escena, colocada por ella misma, con esos miembros de su familia paterna representados por los muñecos, y observar el lugar central y próximo que ocupaba ella en relación a todos ellos, a pesar de que pertenecían a otras generaciones e incluso muchos de ellos ya no vivían. Reconocer y "dejar" verbalmente, en voz alta, con cada uno de ellos, sentimientos que ella siempre había llevado como propios, sin que se ajustasen tanto a su realidad como a la que vivieron sus familiares, fue uno de los pasos claves para que pudiera ir cerrando esa lealtad tan antigua, de estar al servicio, que conservaba para ellos. En este trabajo, algunas de las frases que se le propusieron a la cliente para que dijese a las figuras que representaban a estos miembros de su familia y terminar así con esta lealtad inconsciente hacia ellos, fueron: "Ahora dejo con vosotros lo vuestro, honro y respeto todo lo que pasó y cómo lo llevasteis, aquello ya terminó, ahora ocupo sólo mi lugar y me permito hacerlo de otra forma, os honro de esta nueva manera".

Esta sesión no tiene por qué suponer una desaparición total de los síntomas para la persona, pero la manera de mirar estos síntomas no volverá a ser la misma ni para ella ni para mí como facilitadora. Tampoco mirará de la misma forma esa parte de su historia familiar después de haberla "visitado" a través de aquella escena con los muñecos. Ahora entenderá mejor cómo fue para ellos, y posiblemente esto haga que se mire a sí misma con más compasión y claridad en su forma de llevar ella también sin saberlo parte de aquello que ocurrió. Este podría ser un primer paso, para soltar esos sentimientos de impotencia, supervivencia, aislamiento, y salir de forma consciente de ese rol de ser "tan responsable" de otros que le ha acompañado desde que recuerda.

Los primeros sentimientos que suelen aparecer en una persona cuando empieza a soltar el rol que ha estado cumpliendo para la familia, es la culpa por sentirse mejor de lo que los "suyos" se sintieron y también la pena de "dejarles atrás". Cuando, en realidad, se trata de ocupar sólo su lugar. Después aparecen los sentimientos de alivio, fuerza y libertad. Este es un ejemplo de lo que yo llamo una actualización de los síntomas de un cliente en una sesión individual con muñecos, con relación a una lealtad hacia una parte de su historia familiar. Muestra la evolución de una lealtad que va desde el hecho de sentirse culpable por ser libre, a la libertad de sentirse culpable como parte natural del crecimiento que supone ser adultos, y dejar de ocupar lugares para otros que no corresponden. Observar este tipo de dinámicas nos invita a entender la importancia que tiene la necesidad de pertenencia al Sistema Familiar y la distorsión y el amor ciego que puede haber detrás de ellas.

Las Constelaciones Familiares tratan de explicar de una manera amplia y profunda por qué y para qué ocurre esto. Quiero abordar a continuación mi forma de entender algunos conceptos, sentimientos y dinámicas que tienen que ver con este trabajo, ya que constituyen algunos de los pilares básicos de las Constelaciones Familiares. Por ejemplo: el Clan como entidad, la lealtad, la culpa, la pena, el miedo, la inclusión y exclusión y la neutralidad.

El Clan como entidad

Parece que cuando el Clan "cree" que algo de lo que ocurrió en su historia puede provocar la separación o la pérdida de alguno de sus miembros, eso queda registrado en algún lugar del inconsciente familiar, disponible en forma de creencia o valor para otros miembros del sistema sin que estos lo sepan. "La intención" parece ser garantizar que la vida se siga dando en él de la misma forma que lo ha estado haciendo hasta ahora. En este sentido, el Clan no tiene un juicio acerca de lo que es bueno o malo, qué es actual o qué es antiguo. Simplemente registra hechos y consecuencias. Por ejemplo, si un abuelo perdió la vida porque le mataron para robarle el dinero, o algunos hombres de la familia perdieron todo el dinero en el juego, quizás tuvieron que emigrar para poder trabajar y conseguir dinero, separándose de la familia y generando ese hecho graves consecuencias para el resto de la familia, la creencia de que "el dinero trae problemas y separa a la familia" quedará en ese inconsciente familiar. Afectará a algunos de sus miembros, que se alejarán del dinero cada vez que lo tengan o pagarán un precio muy alto si lo conservan. Como si el hecho de no tener dinero o no salir a buscarlo pudiese evitar que volviese a ocurrir lo mismo. Cuando, en realidad, eso no ayuda a nadie.

Cada Clan parece tener "su lema", o como yo lo llamo "el título del Clan"; esa historia repetida sobre la que da vueltas una y otra vez de distintas maneras a lo largo del tiempo y el espacio.

Por otro lado, el Clan también es un sistema. Y el mecanismo de todo sistema consiste en que todas sus "piezas" formen parte por igual para que pueda funcionar. Por ello, si algo o a alguien queda excluido por algunos miembros, el sistema tratará de "incluirlo" más adelante de alguna manera. Por ejemplo, cuando un abuelo queda excluido del Sistema Familiar por maltratar a una hija, y más adelante una nieta o un nieto elige como pareja a alguien que también los maltrata. En esa elección puede haber una búsqueda inconsciente de incluir a este abuelo que quedó excluido, ya que es una "pieza" imprescindible en el funcionamiento del resto del sistema. Es decir, sin su existencia no estarían vivos. Esa "pieza" sólo "pide" ser incluida tal y como es, ni siquiera se trata de tener ningún tipo de relación afectiva con ella. Y lo que ocurre, curiosamente, es que cuando se incluye a este miembro se le deja de "buscar", y muchos de los hechos que tienen que ver con el maltrato, en este caso, pueden dejar de ocurrir en este Sistema Familiar.

Estos movimientos del Clan como sistema y del Sistema Familiar como Clan son los que parecen llevar a sus miembros a generar una reacción inconsciente tras otra, en lugar de ejercer elecciones libres.

También he podido observar cómo detrás del síntoma que trae la persona a consulta suele haber una emoción desproporcionada que puede estar señalándonos un dolor del Sistema Familiar, que no pudo ser digerido. Por ejemplo, si detrás de la preocupación de una madre por un hijo hay un miedo exagerado a que pueda morir o "perderse en su camino". Esta emoción no sólo puede estar vinculada a algo doloroso que le hubiera ocurrido a esa madre con su hijo, sino que también podríamos encontrar en la historia de este Clan algunas situaciones en las que algunos hijos murieron pronto por algún motivo, o desaparecieron en la guerra y no fueron encontrados, por ejemplo. Queda así un enorme dolor sin procesar. Estas emociones sin procesar parecen estar "atrapadas" en una especie de "paquete de información" en el inconsciente del Clan, y necesitan reconocerse y expresarse en algún momento, aunque sea a través de generaciones futuras. Cuando "viajamos" con el cliente a esos hechos a través de las representaciones con los muñecos, y podemos entrar en aquello que pasó para mirarlo y reconocerlo, suele despertarse una profunda emoción. Así es cómo se actualizan esas emociones, expresándose ahora y cerrando aquel duelo que quedó inacabado o inconcluso. Esto parece que afecta directamente a la mirada de la madre hacia su hijo en la actualidad, que puede ahora volverse más calmada y confiada.

Separarnos por un momento emocionalmente de la historia del Clan facilita ver su mensaje, entender sus movimientos, y así comprender mejor el lugar que se ocupa en él y las reacciones y repeticiones que se siguen dando en la actualidad. Mirar al Clan como una entidad abstracta y a la vez física, constituida por todos sus miembros, puede servir para entenderlo mejor. Como facilitadora, distanciarme emocionalmente por un momento no significa no poder mirar lo que ocurrió en el Clan con amor o con compasión, no significa no poder empatizar o sentir lo que allí pasó. Se trata más bien de coger perspectiva para entender mejor lo que cuenta una parte de esta historia familiar. Se trata de una renuncia consciente a mirar desde un lugar que tenga opinión o preferencias acerca de lo que allí ocurrió. Opinar nos lleva una y otra vez a tomar partido y seguir generando exclusión de alguna de sus partes. Si tuviésemos preferencias, lo importante será al menos ser conscientes de ellas. Poder situarnos en una mirada de neutralidad, como facilitadores, con aquello que ocurrió, sea lo que sea, es lo más difícil, lo más amoroso que podemos hacer, y a la vez, lo que más ayuda a la persona. Llegar a tener esa mirada forma parte de un proceso de madurez del facilitador, que tendrá que ver con su trabajo personal.

La lealtad

Puede parecer que tener lealtad es algo positivo que nos honra y engrandece cuando la manifestamos, y que indica respeto y amor hacia quienes la sentimos. Sin embargo, cuando esa lealtad es ciega y nos impide elegir libremente lo que queremos o a quién queremos, no beneficia a nadie y se convierte en una carga para todos. He podido observar en muchas Constelaciones Familiares cómo se desarrollaban dinámicas familiares que estaban ocultas y que mostraban lealtades inconscientes de unos miembros con otros. Son estas lealtades, las que generan un bucle repetido de algunos asuntos en la historia familiar. Y, a la vez, es lo que imposibilita que la familia avance impidiendo que incluya registros nuevos y diferentes en la manera de estar en la vida. Aún así, ese sentimiento de lealtad ciega es la forma inconsciente que tenemos de amar a los nuestros y eso nos honra. Pero será necesaria una "actualización" de esa lealtad, para que pase de ser una carga a ser un elemento de fuerza en el presente. Es decir, poder pertenecer al Sistema Familiar sin tener que "pagar" un precio por ello, sin llevar lo que no nos corresponde, liberando también a aquellos con los que somos leales.

La culpa que suele aparecer cuando "me va mejor que a ellos", o cuando nos permitimos hacer lo que otros miembros del Sistema Familiar no pudieron, es algo que ocurre en un plano inconsciente. Habla de esa lealtad, de tener que llevarlo como ellos a costa de un precio muy alto: nuestra libertad. Una de las motivaciones que parece tener esta lealtad es poder sentir (inconscientemente) que nos "ganamos" nuestro derecho a pertenecer al Sistema Familiar. Mientras estemos en este intento ciego de pertenecer, no ocupamos nuestro lugar, no estamos en nuestro sitio, lo que tiene como consecuencia la ausencia de la fuerza necesaria para ejercer nuestra libertad en la toma de decisiones en nuestra vida. Esta intrincación inconsciente con el pasado lo distorsiona todo.

Trabajar con figuras en la sesión individual me ha ayudado a observar, una y otra vez, cómo las personas cuentan una historia sobre lo que les ocurre y el motivo por el que creen que les ocurre y, sin embargo, las figuras que ellas mismas colocan encima de la mesa cuentan otra historia diferente. Por ejemplo, una persona me expresa en consulta que no entiende la vida y que no encuentra motivos para estar en ella; lo relaciona con el hecho de que sus padres se separaron cuando era pequeña. Aquello le afectó mucho porque nada volvió a ser igual y a ella dejaron de mirarla como lo hacían antes. No tenemos por qué excluir esta explicación. Sin embargo, sus síntomas son muy profundos y, a pesar del trabajo terapéutico, persisten. Al proponerle mirar más allá haciendo una Constelación Familiar y pedirle que ponga intuitivamente encima de la mesa las figuras que la representen a ella, a sus padres, a la abuela materna que se suicidó cuando su madre era pequeña, y por último, a otra más que represente "lo que llevaba la abuela", veo que coloca "lo que llevaba la abuela" delante de la figura que la representa a ella, mirándola. Aquí empezará un trabajo que va más allá de sus creencias, llevándola a un entendimiento más profundo de lo que le ocurre.

Una lealtad inconsciente puede acompañar a la persona, distorsionando la manera que tiene de verlo todo. Actualizar una lealtad ciega del cliente con alguien de su Sistema Familiar significará cambiar esa lealtad por otra más sana y consciente, que tenga que ver con ocupar sólo su lugar y mirar a la vida con sus propios ojos. Esta sería una forma diferente de ser leal y de pertenecer y además es buena para todos. Sustituir una lealtad por otra en voz alta, en una escena con figuras donde los implicados estén representados, ayuda a que esto se ancle en la persona de una forma muy efectiva en la mayoría de los casos. En este caso, algunas de las frases que le pediríamos a la persona que le dijese a la figura que representa a su abuela serían: "Abuela dejo contigo lo tuyo y lo respeto, renuncio a intentar entenderlo, y mírame bien si yo ahora miro la vida con mis propios ojos".

La culpa

El sentimiento de culpa aparece en muchos casos cuando la persona deja de tener esa lealtad o esa identificación con algo o con alguien del Sistema Familiar. No querer sentir esa culpa le llevaría a necesitar ocupar ese mismo lugar de nuevo, aunque no sea bueno para nadie. La culpa es incómoda y se suele relacionar con que estamos haciendo algo mal.

En un ejemplo sencillo, podríamos ver cómo la culpa que siente alguien si no atiende como siempre ha hecho a su madre y hermanos cada vez que estos lo solicitan, actúa en él haciéndole volver a atenderles de la misma manera, renunciando una y otra vez a la libertad de elegir cuándo y cómo quiere hacerlo. En este caso, desvelar y actualizar la lealtad con su abuelo paterno, (que tuvo que ocuparse en la posguerra de su madre y sus hermanos cuando su padre murió en el frente), será de gran ayuda para que pueda vivir con menos culpa el hecho de no hacerlo hoy igual. Actualizar "aquello que ocurrió" pasa por separar la escena presente de la pasada, diferenciando así lo que las distingue especialmente. En este caso, que ahora la vida ya no corre el riesgo de perderse si no se hace igual que antes. Es decir, que el hecho de no hacerlo igual ahora no implica la posibilidad de que peligre la vida y de que alguno de los suyos pueda sufrir graves consecuencias o incluso morir. Esta diferencia entre lo que hizo falta en el pasado y lo que necesita hacerse en el presente parece evidente, pero lo curioso es que el inconsciente no diferencia esto y en muchas ocasiones "honramos" a los nuestros haciéndolo igual o parecido, cuando en realidad ahora ya no es necesario, y mantenerlo igual limita y perjudica a los nuevos miembros.

Esta actualización en el inconsciente de la persona, a través del trabajo con las figuras, donde se mira la escena del pasado y se verbaliza en voz alta que "aquello que pasó no es esto que pasa ahora", tiene un efecto liberador de la culpa que siente cuando no responde como siempre a los suyos. O al menos este sentimiento de culpa empieza ahora a ser más manejable. Este sería el inicio de un registro nuevo de conducta, una respuesta más actualizada y libre para la persona, que no tiene ya tanto que ver con un sentimiento culposo. A veces, incluso, le planteo directamente al cliente si está dispuesto a sostener esa culpa infantil que puede sentir en el inicio de este proceso, para poder así generar una respuesta nueva. En realidad, este desafío va a formar parte de la maduración del adulto a lo largo de su vida. El adulto es el que puede generar respuestas libres ante una demanda, el niño no puede elegir, y normalmente su respuesta es una reacción muy vinculada a su necesidad de pertenencia. Al mismo tiempo, tomar consciencia de la necesidad de dejar de sentir esa culpa (al abandonar el lugar de siempre en el sistema), es lo que le ayudará a poder traspasarla y a alcanzar un lugar más libre, menos reactivo y más amplio. La función del facilitador será clave, por un lado, para desvelar la lealtad sistémica que pueda estar actuando en la persona, y por otro lado para recordarle al cliente que el sentimiento de culpa "intentará" llevarle de nuevo, en la práctica cotidiana, al punto de partida, para que vuelva a hacerlo todo como lo hacía.

La pena y el dolor

La pena es una de las emociones que aparecen a veces cuando en un trabajo se invita al cliente a "dejar con los suyos" aquello que lleva por ellos. En lo profundo, siente que ellos no pueden sostener lo propio. Especialmente cuando aquello que pasó fue muy grande. Es un sentimiento que, al igual que la lealtad, parece que nos honra llevarlo. Como si nos hiciese mejores personas, más solidarias o empáticas con lo ocurrido, e inconscientemente, nos diese más derecho a pertenecer a nuestro Clan. Sin embargo, tiene consecuencias.

Este sentimiento de pena aparece al mirar lo que le ocurrió a alguno de los nuestros, especialmente a los que tuvieron o tienen un destino difícil. Sin embargo, lo que creo que se esconde detrás de esta pena es una gran dificultad para respetar cómo han sido los acontecimientos para ellos y una creencia profunda en que no deberían haber ocurrido así. Esta forma de mirar la historia de los nuestros nos desvela la manera en la que seguramente también lo hacemos ante nuestra propia vida. Esta mirada excluyente es el principio de un bucle que volverá a traer experiencias de ese tipo hasta ser contempladas con más respeto y aceptación. Lo que ayuda en el trabajo con el cliente para avanzar en ese sentimiento de pena es usar una escena representada con figuras, y pedirle que les diga en voz alta a los miembros implicados la dificultad que tiene en aceptar lo que les pasó. Lo siguiente será reconocer el dolor de los suyos y el propio, y el enfado cuando lo haya. Y finalmente, mostrar su respeto a todo tal y como fue, en lugar de seguir anclado en el sentimiento de pena por ellos, que a nadie ayuda.

El reconocimiento del enfado y el dolor, y la posibilidad de sentirlo y expresarlo, dinamizará todo este trabajo. Esa pena inicial que tenía el cliente con "lo ocurrido", y que le llevaba a juzgarlo, se va así disolviendo y transformando en respeto. El respeto también es una forma de amar y de honrar, y les sirve mucho más a todos. Este sería el principio del fin de un bucle que quizás ya esté listo para terminar.

Diferenciar el dolor de la pena es esencial para llegar al respeto. La pena quita fuerza a todos, niega la dignidad que alguien tiene al llevar ese destino. Sentirla tiene que ver con juicios o creencias que no permiten soltar lo ocurrido, y perpetúa el seguir llevándolo en la actualidad, en un intento infantil y ciego de arreglarlo. Aunque la pena es legítima, y es humana, a la vez es inconsciente de las consecuencias que genera. El dolor, sin embargo, es físico y está en el momento presente. Sentir el dolor drena lo que no se puede digerir, lo alivia, y lo honra. Cuando en el pasado, por las circunstancias que sean, no se pudo expresar ese dolor, quedará estancado esperando la ocasión de aparecer otra vez para ser visto y expresado. Entrar en aquella escena que dolió, a través de las figuras, y poder vivirla con dolor, pero sin pena, ayudará a que todo esté más en paz, y quizás deje de repetirse de distintas maneras en el momento presente.

Recuerdo un caso en el que una clienta planteaba el conflicto que le provocaba el hecho de permanecer en un lugar físico un tiempo determinado, ya que siempre sentía un fuerte impulso de irse para poder estar bien. Cuando revisamos su historia familiar, hablaba de la pena que le daba su abuela cuando le contó que de pequeña tuvo que huir sola con 12 años para ponerse a salvo, desde Estonia a Rusia, dejando atrás a su padre fusilado y a su madre desaparecida. Ella llevaba el nombre de aquella abuela. Mirar a esa niña que fue su abuela y expresar el dolor y el respeto, en lugar de mirarla con pena y carga, transformó su percepción; ya no era necesario huir de los sitios para estar a salvo. El siguiente movimiento con las figuras fue dejar con su abuela esa sensación de tener que huir. Después de esto, algo se ordenó en la imagen interna que tenía de esta parte de su historia familiar lo que se tradujo en una nueva manera de mirar a su abuela, en este caso sintiéndose más pequeña ante ella y con más respeto acerca de todo lo ocurrido.

Esta sería una actualización de una lealtad antigua con un miembro del sistema a una lealtad nueva, esta vez con su propia manera de mirar la vida y de poder permanecer en los sitios sin la urgencia de huida como salvación.

El miedo

El miedo es otro sentimiento muy común en muchas de las demandas en consulta. Miedo a tener más dinero, a la maternidad, a separarse de la familia de origen, a enamorarse, miedo inespecífico... Resulta muy revelador cuando se exploran estos sentimientos desde la historia transgeneracional de la persona y desde la mirada de las Constelaciones Familiares.

El miedo es una alarma interna (¡algo puede pasar!) y suele tener el efecto de generar un intento de protección ante aquello que asusta. Parece estar cumpliendo una función importante para evitar algún mal mayor y, en el caso más extremo, para conservar la vida. El problema se plantea cuando ese miedo es irracional, desproporcionado, frustrante, y no sirve o no favorece la vida. Entenderemos mejor el miedo irracional de una persona a enamorarse o a tener una pareja, hijos o familia, si conocemos lo que cuenta una parte de su historia familiar. Por ejemplo, el sufrimiento que hubo en muchas mujeres al perder a sus maridos en la guerra, o el de algunos hombres al ver a sus mujeres morir en algún parto, y el dolor y las consecuencias que eso tuvo en los hijos y en el resto del Sistema Familiar. El miedo, en este caso, actúa alejando en la actualidad a la persona, una y otra vez, de la posibilidad de crear una relación o una familia. Como si eso pudiese arreglar aquello que pasó y conseguir además que no se vuelva a repetir. Es un acto de amor ciego que no le sirve a nadie.

El trabajo se centrará en identificar ese miedo y la función distorsionada que está teniendo ahora. Se tratará de actualizar, a través de una representación con las figuras, la idea inconsciente de pareja, hijos y familia, no tiene por qué estar asociada ahora al dolor, la muerte y la separación. En este caso, fue muy revelador observar en la sesión cómo la persona colocaba la figura que representaba su miedo a enamorarse y a crear una familia al lado de las figuras que representaban algunas mujeres de su Sistema Familiar que perdieron la vida en un parto, y otras que quedaron viudas en la guerra con una gran carga familiar. Sólo ver esa imagen, que ella mismo colocó, le sirvió para darse cuenta de cómo inconscientemente sabía que ese miedo pertenecía a las mujeres que realmente vivieron aquello y no a ella. Algunas de las frases que se le propuso decir en el trabajo a las figuras que representaban a aquellas mujeres de su historia familiar fueron: "Ahora veo vuestro dolor y vuestro miedo, lo dejo con amor con vosotras, en vosotras sí lo entiendo, miradme con buenos ojos si me permito ahora vivir la familia de otra manera, la familia también trae disfrute y vida". Los sentimientos de compasión hacia esas mujeres, y el alivio en sus hombros y en su corazón, fueron algunas de las señales de que la cliente estaba conectando profundamente con esa escena y con esa nueva lealtad de tener ahora el permiso de vivir la pareja y la familia con más confianza y paz.

El miedo, como vemos, puede actuar como síntoma cuando es percibido por la persona como irracional, intenso, repetido y limitante, y nos señalará dónde explorar en la historia familiar del cliente.

Inclusión y exclusión

En Constelaciones Familiares se habla mucho de “los excluidos” del Sistema Familiar. Los excluidos son aquellos miembros a los que se les retira cualquier sentimiento de respeto, afecto o reconocimiento, por algo que ocurrió que generó dolor, miedo o vergüenza. Pierden su lugar a ojos del resto del Sistema Familiar o de algunos de ellos. La exclusión sería un intento de protección o de supervivencia del sistema, con la ilusión de que no vuelva a ocurrir lo mismo.

Es importante observar como facilitadores que la exclusión puede ser no sólo de personas, sino también de emociones y sentimientos que tuvieron algunas de ellas y que no se pudieron mirar o vivir en el pasado. Se trata de tener en cuenta no sólo lo que ocurrió, sino también lo que se hizo con aquello que ocurrió. Por ejemplo, es tan grande el dolor de una madre por un hijo que nace muerto, que a veces no puede ni mirar ese dolor, y lo excluye como una forma de sobrevivir. Estos sentimientos parecen quedar guardados en el inconsciente familiar, activándose más adelante en alguna situación de maternidad que será vivida, a veces, con un miedo o un dolor desproporcionado a la situación o actual. En este caso, se tratará de que la persona que ahora siente ese miedo o ese dolor pueda reconocer esos sentimientos tan intensos en la mujer o mujeres que vivieron aquello, diciéndoles, por ejemplo: “Ahora veo vuestro dolor, no pudisteis mirarlo y ya está a la vista, lo que a mí me pasa ahora no tiene nada que ver con lo que pasó allí, lo dejo con vosotras con amor y respeto, miradme con buenos ojos si ahora vivo la maternidad de otra manera”. También pudo haber quedado excluido, en el Sistema Familiar, este niño que muere, no volviéndolo a nombrar o mirar no por falta de amor, sino por el gran dolor que generó su pérdida. En este caso, el trabajo irá dirigido a poder mirarlo, incluirlo y decirle que él también pertenece.

Por otro lado, en la actualidad no vivimos un suicidio, la homosexualidad de un miembro del Sistema Familiar, un duelo o una enfermedad mental como se vivía en generaciones anteriores. En general, era todo mucho más difícil. Un duelo se convertía en un luto que podía durar muchos años o toda la vida. Honrar a los muertos tenía que ver con no volver a celebrar nada en esa familia, porque disfrutar podía estar mal visto. Un suicidio generaba miedo y vergüenza y se ocultaba, al igual que la homosexualidad. No significa que ahora esto no pase, pero la negación con la que se vivían esas circunstancias era mayor. Y la forma de resolverlo era a través de la exclusión. Antiguamente, los recursos en general y la "consciencia" (la manera de vivirlo) eran menores. Cuando se habla de hambre, escasez, sacrificio o renuncia en las generaciones anteriores, no tiene mucho que ver con lo que podamos estar viviendo ahora, por difícil que lo tengamos. Muchas de esas vivencias y emociones necesitan ser reconocidas, honradas y drenadas. Ahora es la oportunidad de actualizarlas viviéndolas de otra manera.

En algunas demandas en consulta la persona me plantea, por ejemplo, sus sensaciones de peso, esfuerzo o dificultad para conseguir lo que quiere, o incluso para disfrutar de aquello que ya ha conseguido en la vida. Cuando le pido que represente con las figuras, algunas de las generaciones pasadas y algunos de estos sentimientos de carga y peso, se puede ver cómo siente un gran alivio al dejar estos sentimientos tan intensos junto a ellos. Reconocer y agradecer todo el esfuerzo, sacrificio y renuncias que tuvieron que hacer sus ancestros para llegar hasta hoy, le ayudará a sentir más permiso interno para que le vaya mejor en la actualidad de lo que les fue a ellos.

En estos casos, lo que se está trabajando para hacer una actualización es la inclusión de esos sentimientos de renuncias y esfuerzos que no siempre fueron vistos y, a la vez, la lealtad inconsciente que se ha tenido con los ancestros. Por ello, es clave reconocer los sentimientos que nadie vio, los que no pudieron ser vividos o los que fueron tan grandes que hoy se siguen llevando como un sello de pertenencia y lealtad al Sistema Familiar. Reconocerlos, incluirlos y a veces incluso revivirlos a través de la persona a lo largo de la sesión, servirá para que se vayan cerrando aquellos episodios del pasado y, como efecto final, para que no se vivan de la misma manera en la actualidad. A la vez, no vivirlo igual en la actualidad ayuda de alguna forma a que aquellos episodios se cierren también para los que los vivieron en el pasado. Así, un ciclo que empezó hace mucho tiempo puede terminar al fin. Un ejemplo de todo esto podría ser cómo se reactivaron sentimientos muy intensos, especialmente para algunas personas, de miedo, escasez y muerte con el Covid y el "Confinamiento", posiblemente en función de los hechos que vivieron en la guerra o en la postguerra algunos de "los suyos", y que nunca fueron reconocidos o procesados.

Por otro lado, y es otra cuestión, me gustaría señalar que el hecho de no querer tener relación con alguien del Sistema Familiar, no tiene por qué significar que lo estemos excluyendo. Son dos cosas distintas. No querer tener relación, o tenerla de una manera muy determinada con alguien que generó o genera algún peligro, carga o dolor es completamente legítimo como medida de autocuidado y de poner límites. Otra cosa es creer que por aquello que hizo o hace esa persona no pertenece al sistema, no puede ocupar su lugar o "no se lo doy". Esto sí sería una exclusión, y además no es real ya que sí pertenece, nos guste o no. De lo que sí somos siempre libres es de retirar nuestra atención completamente a ese miembro del Sistema Familiar, sea quien sea.

Neutralidad

Una actitud de neutralidad consiste en no tomar partido, en no quedarnos en el juicio, la opinión o la emoción que nos produce algo o alguien. No tomar partido tiene que ver con mirar los hechos y las personas sin la necesidad de buscar quién tuvo la culpa o quién tiene la razón. Esto es agotador y ya lo conocemos. Se trata más bien de romper un bucle sin fin, en el que las creencias, los sentimientos y las emociones que nos producen algunas situaciones no nos permiten dejar de ser reactivos ante ellas, perpetuando así una repetición sin sentido que no ayuda a nadie. Poder enfrentar estos acontecimientos sin esa reactividad continuada, y a veces incluso adictiva, nos ayuda a ser más libres en nuestras respuestas, sin dejar de ser firmes en la posición que decidamos mantener ante los mismos.

Conocer muchas historias familiares me ha permitido ver cómo detrás de algo que no entendemos en nuestras relaciones familiares, se esconden todavía más historias que a veces dan luz y aportan una comprensión mayor. Esta comprensión, cuando sobreviene a niveles profundos, tiene el efecto de neutralizar nuestra parte más visceral, emocional y reactiva; y esto hace que no volvamos a mirar y sentir lo ocurrido de la misma manera. Entender esto sería el principio de una mayor neutralidad y un mayor amor ante los acontecimientos no sólo de mi vida, sino del mundo en general. Esto no tiene que ver con el autoengaño, la falsa positividad, o la justificación, sino más bien con ver más y mejor.

Se podría decir incluso que la neutralidad es una forma de amor.

Por ejemplo, en uno de los últimos casos que he tenido he visto cómo detrás de un hombre que perjudica a su familia y a sí mismo perdiendo con el juego el dinero que gana y perdiendo también la salud con el alcohol, hay una lealtad inconsciente a un hermano que murió de pequeño en un accidente y a su padre, que también perdió la vida muy joven. Esto no excluye que también tenga otros motivos u otras lealtades y tampoco justifica el dolor que genera a su familia. Lo que vemos al representar esta escena con las figuras es cómo él mismo coloca la figura que le representa al lado de las figuras de su padre y de su hermano, ambos muertos, en un extremo de la mesa y mirando en la misma dirección, de espaldas a su familia y a la vida. Esta imagen habla de esa posible lealtad inconsciente con los suyos, sin permitirse la vida del todo, mirando a la muerte y perdiéndolo todo cada vez que lo tiene, igual que lo perdieron ellos.

Aquí la neutralidad en el facilitador implicaría no tomar partido, no juzgar lo ocurrido y poder ver y sentir el dolor y la lealtad que mueve este y muchos otros destinos familiares. Una vez que el facilitador pueda mirar de esta manera, podrá acompañar al cliente para que también lo pueda hacer.

Esta mirada es la que permite dar un paso más hacia la reconciliación con aquello que pasó, y es la que ayudará a que la persona se dé permiso interno para ocupar su lugar sin perpetuar lo de detrás. Empezar a ocupar su lugar hace referencia a actualizaren su Sistema Familiar.

3
El genograma. Las voces del pasado al servicio de la actualización

El genograma es un formato que sirve para dibujar un árbol familiar que registra información sobre los miembros de una familia. Un genograma completo consistiría en tres o cuatro generaciones unidas, con información detallada de cada miembro (hechos importantes de su vida, enfermedades, profesión, etc.), así como de las relaciones importantes entre ellos.

En la práctica, a menudo es difícil conseguir la información completa. Existen lugares en internet que facilitan la elaboración del genograma personal, pudiéndose llegar a recabar información lejana, abundante y detallada sobre la historia familiar que la persona ni siquiera conoce. Esto puede resultar muy revelador e interesante para descubrir la historia familiar y reconocernos en ella de muchas maneras. Saber qué pasó, a quiénes y dónde, puede sorprendernos; y a veces también puede desbordarnos intentando "atar cabos" para entender nuestro lugar en esa historia.

Sin embargo, tener toda esa información no será suficiente para generar un cambio en nosotros si no se hace algo más con ella. Es más, mucha de esa información ni siquiera nos corresponde buscarla o conocerla. Pertenece a nuestros ancestros.

Para llevar las Constelaciones Familiares a la sesión individual con muñecos no es necesario tener, buscar o hacer previamente el genograma. Mi propuesta en este sentido consiste en utilizar la sesión con el cliente para elaborar el genograma con él, registrando en un trazado sencillo sólo la información de la que dispone en ese momento. Hacerlo de esta manera supone poner el foco de atención no tanto en esa multitud de datos que puede llegar a contener una historia familiar si investigamos con tiempo sobre ella, sino más bien en la que el cliente tiene en el momento de venir a consulta. Nos centraremos sólo en esa información, respetando que es "la que se deja ver" en esa sesión y, sobre todo, nos fijaremos en la manera en que la persona cuenta esa historia y en cómo habla de los suyos.

Esto no significa que hacer esa investigación sobre el genograma personal no tenga valor, sino que para hacer un trabajo con el cliente sobre la demanda que trae a consulta no es lo que necesitaremos. Usar la visión de las Constelaciones Familiares y observar el campo de información que se abre cuando la persona coloca las figuras en el espacio, facilitará también que emerjan las voces del pasado transmitiendo la información que necesite ser vista, y esa información es la justa y necesaria para ese momento. Esto es, justamente, lo que mantienen en común la sesión individual con la grupal. Sólo se trabaja con lo que emerge en la sesión con el cliente, no hacemos un trabajo anterior o posterior con él en relación con su Sistema Familiar. Más bien los dejamos en paz. Lo que sí podremos es retomar ese genograma en sesiones posteriores, ampliándolo si surge más información o si la demanda en ese momento nos lleva a poner el foco en otras preguntas, para que emerjan otros datos.

Hacer el genograma con el cliente e ir ampliándolo de esta manera lo convierte en algo orgánico, actualizado a la demanda de cada persona y respetuoso con el resto de la información familiar, que no tiene por qué mostrarse si no es necesario. Aunque las preguntas que realicemos abarquen toda su historia familiar, nos centraremos en las que tengan que ver con su motivo de consulta.

Algunas personas creen que no tienen datos de su historia familiar, pero más bien lo que suele ocurrir es que tienen pocos. Aún así, los que tengan serán suficientes. Una figura puede servir también para representar lo que la persona no conoce de los suyos, eligiendo una figura para aquello que le pasó por ejemplo a la abuela, que desconoce. Esa figura en la imagen de la escena nos aportará una información extra y muy valiosa.

Elaborar un genograma conlleva tres fases:

- Trazado de la **Estructura** familiar. Se puede ver cómo podría ser uno de estos trazados, en un ejemplo, al final de este capítulo. Consultando en internet o en libros podemos encontrar fácilmente otras propuestas que son igual de válidas. La elección de cómo hacer este trazado en concreto depende de lo que al facilitador le resulte más claro y sencillo.
- **Registro** de la información sobre la familia. Se refiere a los hechos concretos que se conozcan, ocurridos en ella. Nos centraremos especialmente en esta parte en la sesión. Es justo para esto que trabajaremos con los muñecos.
- Descripción de las **Relaciones** familiares. No es lo más importante en este planteamiento, aunque se pregunte cómo han sido las más relevantes. La atención estará puesta en los hechos más que en las relaciones.

Registrar información sin vibrar con ella, sin "viajar" a los lugares que se nombran o sin ponernos en el lugar de los protagonistas no nos servirá para ir mucho más allá de lo que ya ha ido la persona en su intento de entenderse a sí misma, mirando con los ojos de siempre la historia familiar de siempre.

La curiosidad, el respeto y la mirada amplia y compasiva con todo lo ocurrido en una historia familiar son las claves del éxito a la hora de desvelar y ampliar esa historia que la persona trae detrás de sí misma. Será, además, lo que nos lleve a formular alguna hipótesis de trabajo para acompañar a la persona a "desprogramar" algún tipo de lealtad inconsciente vinculada con su conflicto.

El genograma es el "mapa del tesoro" que tenemos todos guardado. Un mapa que nos indica lugares, eventos y personas que tienen que ver con nuestro Clan, con nuestra historia, con la ruta que hizo falta transitar hasta llegar donde nos encontramos ahora y ser lo que somos. Un mapa completamente único. Como ocurre en el juego del mapa del tesoro, sólo se nos mostrará lo necesario para poder llegar a un lugar concreto en cada momento. Hacer este mapa con el cliente ampliará su forma de mirarse y nos dará la oportunidad de saber cuáles son “los puntos calientes” de su historia y por dónde empezar a trabajar en el asunto que trae a consulta. Dibujar literalmente con el cliente ese mapa, con la curiosidad, el detalle y el respeto que merece cualquier historia pasada, es una de las claves para alcanzar contenidos que habitan en la parte más inconsciente de la persona. Contenidos que actúan en nuestro presente desde atrás, pidiendo ser localizados y oxigenados, aunque no lo sepamos. La forma de oxigenarlos será sacarlos de nuevo a la luz, al aire, a la vista. Cuando en alguno de los rincones del inconsciente no entra el oxígeno ocurre lo mismo que en cualquier órgano del cuerpo; pierde vida, se ahoga y puede llegar a afectar al resto del cuerpo.

Explicado de otra manera e insertándonos en el mundo informático de nuevo, hacer el genograma con el cliente sería como acceder con él a su “disco duro”; ese lugar de gran capacidad para almacenar datos.

Entrar en ese “disco duro” a través de preguntas concretas al cliente al confeccionar el genograma nos ayudará a entender un poco más la lógica de los “fallos” actuales en la vida de la persona. Usar parte de la información del genograma y ponerla en “3D” con los muñecos será la forma de trabajar y “reiniciar” su “sistema operativo”. Es decir, encontrar su lugar “sin error” en el Sistema Familiar. El lugar que realmente le corresponde y el que más fuerza le da para estar en la vida sin ocupar el de otros y sin llevar lo que no es suyo.

Para todo esto los muñecos son una herramienta excelente, porque nos dan la oportunidad de regresar a través de una imagen a cualquier lugar, y de interactuar en la escena completando lo que faltó. El genograma, a su vez, nos da la oportunidad de localizar algunos de esos “errores del sistema” o “puntos calientes”.

- El genograma es el mapa de la historia familiar del cliente.
- Es importante hacerlo con la persona en la sesión y trabajar con la información disponible en ese momento.
- Nos centraremos en los hechos más que en las relaciones.
- Respetamos la información que no se conoce o no se recuerda, dejando a los ancestros en paz.
- Hacer el genograma con la persona nos permite el acceso a la información de una parte de su "disco duro".
- Posibilita localizar algunos de los "errores del sistema" o "puntos calientes".
- Para que emerja la información es imprescindible hacerlo con curiosidad y respeto.

¿Qué son los puntos calientes en el genograma?

Los puntos calientes son todos los acontecimientos y miembros de la historia familiar que, al hacer el genograma junto al cliente, me llaman la atención por algún motivo y los señalo de manera diferente al resto. Por ejemplo, con un bolígrafo rojo o subrayándolo. Esto me permite tenerlos a la vista cuando consulto el genograma a lo largo de esa sesión o de otras sesiones futuras.

Así, señalo en el genograma aquello que para el cliente tiene más peso cuando lo cuenta o lo recuerda, por ejemplo, la muerte de un hermano o de un tío de forma temprana o violenta. Y a la vez tengo muy en cuenta lo que detecto que tiene fuerza o peso para mí. Y esto no siempre coincide. En este ejemplo, para él puede que nunca tuviera importancia que su madre tuviese un aborto antes de que él naciera, especialmente cuando su propia madre nunca lo contó o no le dio importancia. Sin embargo, la tiene. El hecho de saberlo, en este caso concreto, sirvió para cambiar toda la dinámica de nuestra sesión ya que, al representar a este hermano no nacido con los muñecos, pudimos ver que su principal síntoma de "no encontrar su lugar en la vida" cobró sentido al ver representada esta pérdida en el primer lugar para sus padres. Pudo ver cómo el hecho de ocupar el segundo lugar (que realmente era el suyo) y a la vez dejar de ocupar el primero, como siempre hizo, le generó un gran alivio y calma, además de ayudarle a entender, de forma más amplia su sensación de no encontrar su lugar en el mundo.

En otro ejemplo, el tono de voz del cliente con cierto desprecio al hablar de su abuela, a la que ni siquiera conoció, puede ser para mí la señal de que es "un punto caliente" en la historia familiar. Será una pista más para saber por dónde empezar a explorar los asuntos que el cliente trae a consulta. Quizás su demanda acerca de la dificultad que tiene para relacionarse con sus hijos, pueda tener que ver (más de lo que él nunca hubiese imaginado), con la historia de su abuela, que fue separada de sus hijos a la fuerza (por considerarla desequilibrada en la época). Conocer la historia de esta mujer y reconciliarse con ella en su corazón, o mostrar respeto por lo que ocurrió, puede suponer el hecho de que ahora él se dé más permiso para tener una buena relación con sus hijos, aunque su abuela no pudiera tenerla con los suyos.

Es por esto que siempre recomiendo hacer el genograma con el cliente, y no tanto que lo traiga ya hecho. Hacerlo con él y preguntarle acerca de sus familiares y sus historias me permite detectar dónde está la carga emocional cuando habla de ellos, dónde están sus preferencias y cuál es su opinión acerca de algunos de los acontecimientos familiares. Percibir todo esto me indica dónde podrían estar las personas o los hechos más excluidos, y los que pueden tener luego más relación con los síntomas de la persona en la actualidad. Pero cuando las lealtades o identificaciones inconscientes de la persona con alguno de los suyos son desveladas y actualizadas a través de un trabajo de Constelaciones Familiares, también habrá que saber cuándo parar esa búsqueda de información en la historia familiar y dejarles en paz. Lo importante es descubrir qué lealtad es la que puede estar manejando gran parte de la vida de la persona.

Los "puntos calientes" son claves en todo genograma a la hora de trabajar, y los criterios para detectarlos pueden ser desde lo más evidente a lo más sutil.

Explorar escenas de esa historia familiar, valiéndonos de la información del genograma y de los muñecos, es lo que nos permitirá observar la relación entre ese "punto caliente" y el síntoma que trae el cliente. Es el cliente, con su resonancia con la imagen propuesta con las figuras, el que nos confirmará o no esa conexión. Normalmente estará sorprendido de esta resonancia. Esa sorpresa será el principio de la desprogramación del cliente en su implicación con aquello que pasó.

- Los puntos calientes son los acontecimientos y miembros del Sistema Familiar que señalamos de manera especial en el genograma porque nos llaman la atención por algún motivo.
- Facilita marcarlos con un bolígrafo de otro color o subrayarlos.
- Para localizarlos es importante hacer el genograma junto con el cliente y escuchar cómo habla de los "suyos".
- No se trata sólo de anotar los acontecimientos que el cliente considere importantes de su historia, sino también los que consideremos nosotros como facilitadores.

Cómo preguntar sobre el Sistema Familiar para hacer el genograma

Para mí, lo más importante al preguntar al cliente sobre su Sistema Familiar para hacer su genograma es saber: ¿Qué es lo que le gustaría conseguir con este trabajo? ¿Cuáles son sus síntomas y cómo los percibe y los lleva? Conocer todo esto ayudará a enfocar mucho mejor las preguntas que le hacemos, y a poner la atención en las partes de la historia familiar que hablen de eso mismo de distintas maneras.

Por ejemplo, si la demanda de una cliente tiene que ver con sus relaciones y su tendencia a elegir parejas que "siempre se van", entonces las preguntas irán más enfocadas a explorar en su historia familiar todo lo relacionado con cómo fueron las relaciones allí. Si, además, también sé que lo que siente la consultante ante esta dificultad es que ella nunca "es suficiente" para el otro, me preguntaré quién de su Sistema Familiar pudo sentirse así, pero de una forma más legítima. No sólo miraré los hechos, sino que también me pondré en el lugar de muchos de sus familiares para poder percibir cómo pudieron sentirse con lo que les ocurrió.

Para mí ésta ha sido una de las claves al indagar en un genograma, hacerme a mí misma la pregunta: ¿Quién pudo sentirse en su Sistema Familiar como se siente la persona en la consulta? Es ahí donde, por ejemplo, la historia de la madre de esta cliente puede cobrar mucha importancia y convertirse en un "punto caliente" a explorar, al saber que antes de conocer a su padre tuvo otro novio, que la dejó porque su familia consideró que ella no era suficiente para él.

Curiosamente, la persona no tiende a relacionar lo que le ocurre con los asuntos ocurridos en su Sistema Familiar y menos aún cuando ocurrieron antes de su nacimiento. Sin embargo, les puede resonar mucho una vez planteada la escena con las figuras. En este caso, la figura que la representa a ella puede "dejar" con su madre ese sentimiento tan profundo e íntimo de sentir que no es suficiente para el hombre que elige. Sabiendo esta historia familiar, también cobrará sentido "conocer" a través de las figuras a ese primer novio de la madre. Quizás eso ayude a dejar de buscarlo inconscientemente en otros hombres. Es por esto que las preguntas sobre cómo fueron las relaciones sentimentales en la familia abarcan también las primeras relaciones importantes de los padres y abuelos, como mínimo.

Las preguntas se aprenden a hacer gracias a la experiencia y a algo más. Debemos que tener en cuenta que desde pequeños se nos ha dicho, en general, que es de mala educación preguntar "determinadas cosas". Por "determinadas cosas" entendamos todo aquello que genera o generó vergüenza, dolor o miedo. En el encuadre terapéutico nos permitimos traspasar estos límites en nombre de la salud, con la intención de conocer lo más posible la historia del cliente y sus relaciones.

Para mí hay un salto más que dar, en este sentido, al hacer un genograma en consulta. Este salto tiene que ver con convertirnos en lo que yo llamo un "corresponsal de guerra", es decir, estar dispuestos a entrar a fondo en el conflicto presente o pasado, con los ojos bien abiertos, sin intentar evitar ninguna escena por terrible que sea, para poder dar parte de ella sin excluir nada ni a nadie en lo ocurrido. Esto implica preguntar todo lo posible acerca de algún suceso y todos los implicados. En el momento en el que sintamos alguna dificultad al preguntar al cliente sobre algún asunto, es interesante pararnos y cuestionarnos: ¿Qué es lo que temo? o también, ¿qué carga o juicio puedo estar teniendo, consciente o inconscientemente, acerca de este asunto? Las respuestas que suelen surgir pueden tener que ver, efectivamente, con algún tipo de valoración o juicio, como por ejemplo: "Aquello no tendría que haber ocurrido", "No es justo", "Qué persona más cruel", etc. En estos casos, es nuestra mente la que valora lo ocurrido y no tanto esa Conciencia que ilumina los hechos tal y como han sido. Posiblemente estamos haciendo como facilitadores lo mismo que hicieron en su Sistema Familiar: excluir algo, no volver a mirarlo, no procesarlo o no darle un lugar. Y, como ya sabemos, esta exclusión es precisamente la que puede hacer que ese asunto no concluya, no se cierre y siga manifestándose de alguna manera en el presente.

Por todo ello, será clave detectar esto y volver a mirarlo desde otro lugar. Justamente, hacerlo primero nosotros como facilitadores ayudará a que el cliente también pueda hacerlo.

Por otro lado, nos resultará difícil abordar algunos asuntos en consulta desde esta mirada más consciente si en nuestro propio Sistema Familiar y en nuestra vida personal no lo hemos podido hacer.

Recuerdo un caso en el que mi cliente me explicaba una y otra vez su sentimiento de ahogo en la vida, de no poder respirar bien en situaciones difíciles, ni siquiera, y esto era lo más curioso, en los momentos placenteros. Sus visitas al médico no explicaban demasiado lo que le ocurría y la cosa quedaba en un diagnostico de ansiedad. Haciendo el genograma con ella me contó que su abuela materna murió muy joven. A la pregunta de cómo murió, noté que su voz bajaba el tono como la que va a hablar de algo que no es muy adecuado. "Se suicidó" me contestó. "Pero no se habla de aquello porque fue terrible. Mi madre, con siete añitos, fue quien la encontró". Para nuestra sesión fue clave que le preguntase cómo lo hizo y ella pudiera relatar en voz baja que su abuela tomó somníferos y puso una bolsa en su cabeza para no despertar más. Las preguntas acerca de los detalles de cómo ocurrió aquello fueron difíciles. A la vez, mi compasión hacia aquella escena, hacia aquella niña y aquella mujer, era inmensa. Pudimos hacer un trabajo con las figuras donde ella dejó con su abuela esas sensaciones de no poder "respirar la vida" que siempre la habían acompañado. Pudo mirarla y respetar lo que hizo y lo que la llevó a hacerlo. En su familia no hubo mucho permiso para hablar de su abuela, por "aquello que pasó", y también tuvimos que respetar eso en su trabajo. Pero para ella, poder "verla" y darle las gracias por la vida fue clave para que sus sensaciones de no poder respirar profundamente se calmasen por completo.

Preguntar abre puertas. Sirve para entrar allí donde no se pudo mirar y así oxigenarlo y sacarlo a la luz. Saber preguntar, para mí, es un arte y una vocación.

No sólo es importante el tipo de preguntas, también desde qué lugar las hacemos. El respeto que sintamos y mostremos por todos aquellos por los que preguntamos será la clave para que se revelen y emerjan, a veces, asuntos que dolieron, avergonzaron o asustaron. La intención tiene que estar enfocada en la ayuda a la persona, en todo aquello que le pueda servir. Por eso nuestro lugar como facilitadores no es valorar o juzgar lo ocurrido, sino iluminarlo.

- Lo primero es saber cuál es la demanda del cliente y cómo se siente.
- Preguntarnos al hacer el genograma: ¿Quién pudo sentirse así en el Sistema Familiar?
- Explorar, especialmente, lo que más dolió, avergonzó o asustó en el Sistema Familiar según la demanda.
- Preguntar desde el respeto y la neutralidad.
- Conocer y respetar previamente nuestra historia familiar como facilitadores.

Cómo usar el genograma en la sesión individual

Empezar preguntando al cliente sobre los acontecimientos de su Sistema Familiar no suele tener sentido para él cuando el motivo por el que viene a consulta es, por ejemplo, resolver un conflicto con su hermana o con su trabajo. Puede incluso no tener ningún interés en facilitarnos esos datos o sentir que nos alejamos de su asunto y perder confianza y ánimo. Por ello es básico, y da muy buen resultado, explicarle para qué lo hacemos y lo importante que es la información que aporta por irrelevante o lejana que le parezca. Implicarle en el trabajo que vamos a hacer juntos cambiará toda la dinámica de la sesión.

Normalmente, antes de empezar a hacer el genograma en consulta hago una pequeña introducción al cliente, explicándole lo que es y para qué nos puede servir. Lo hago de la forma más sencilla posible. Le aclaro que es una información que nos va a ser útil por todo lo que nos puede ampliar sobre nosotros mismos, y que después trabajaremos con las figuras sobre lo que veamos que pueda servirle.

A medida que yo misma he ido entendiendo mejor cómo funcionan las lealtades inconscientes en un Sistema Familiar, mis explicaciones acerca de para qué hacemos el genograma han ido siendo más claras. Las explicaciones también dependerán de la persona que tengamos delante. Algunas veces ni siquiera son necesarias, porque la persona intuye o conoce el valor que tiene esa información.

Preguntar datos familiares al cliente puede ser desmotivador al principio, no sólo para él sino también para nosotros. Ahora me doy cuenta de las veces que tuve que superar al principio el desánimo de hacer genogramas en consulta sin ser capaz de “ver” lo importante y sin saber qué hacer con ello después. Ahora, sin embargo, es la herramienta más potente y completa de la que dispongo y en la que más me apoyo. Tener en cuenta las expresiones, preferencias y silencios que usa el cliente al contarme su historia familiar, hace que ese árbol esté más vivo. Hacer el genograma en consulta es ya una forma de empezar a trabajar. A medida que voy completando el genograma con el cliente lo voy viendo con otros ojos. Entiendo mejor de dónde viene, qué le precede, qué cosas ocurrieron en su historia para que él esté vivo ahora. Imaginar detrás de él a los suyos es bonito y potente para ambos.

En muchas ocasiones, haciendo el genograma con la persona se desvela parte del sentido que pudiese tener su síntoma. Esa información ayuda a enfocar más y mejor el trabajo posterior con los muñecos. Para la persona, poder ampliar la lógica de su síntoma y entender mejor la dinámica antigua de lo que le ocurre reduce su sentimiento de culpa[1] (acerca de aquello que le pasa) y a la vez la hace más responsable.

Si, por ejemplo, parte de la historia de su Clan "habla" de cómo algunos hombres del sistema, como los abuelos o bisabuelos, perdieron la vida jóvenes o perdieron todo lo que tenían como consecuencia de la guerra, cobrará más sentido el síntoma con el que viene a consulta de no poder conservar lo que consigue y perderlo una y otra vez. Se empieza a desvelar una posible lealtad inconsciente con los hombres de su familia que lo perdieron todo en el pasado. Al conocer su historia puedo mirarle con otros ojos, más amplios, más compasivos. Esta mirada la siente la persona y también percibe mi curiosidad y respeto por lo que me cuenta en relación a los suyos. Es justamente eso lo que le anima e invita a contar o recordar algún detalle más, que quizás nunca hubiese recordado haciendo él mismo su genograma en casa.

Para mí, usar el genograma en la sesión es una forma de invocar a todos los miembros y acontecimientos familiares que quieran ser vistos y que puedan tener relación con el síntoma que trae la persona a consulta. Esta invocación tiene el efecto de centrar más toda la información que surge en el encuentro con el cliente. A veces la información que aparece puede ser desbordante y es muy valioso saber seleccionar las preguntas y a la vez dar espacio para que se muestre lo que se quiere mostrar.

Es curioso comprobar cómo cuando yo le doy valor y muestro curiosidad por los miembros de la familia del cliente, él también lo empieza a hacer.

1. Hay un sentimiento de culpa, más o menos consciente, que surge cuando repetimos en nuestra vida algo que nos limita; en forma de enfado, miedo, vergüenza, tristeza, elecciones repetidas... con la sensación de que eso ya no debería estar ocurriendo.

Creo que esto ya es en sí mismo sanador. Por ello pienso que hacer el genograma, y hacerlo de esta forma conjunta con el cliente, forma parte del trabajo y de los resultados. Cuando la persona va sintiendo que pertenece a ese Clan, a medida que vamos "armando" el genograma con ella su percepción de sí misma se amplía y refuerza. Ya no es sólo un individuo aislado con un conflicto normalmente repetitivo y muchas veces irracional. Se ve a sí mismo formando parte de algo más grande que él. Esto mismo es lo que le permite empezar a salir del lugar distorsionado que puede haber estado ocupando en su Sistema Familiar, pues ve que aunque viene de ahí no les pertenece. No sentirse tan sólo llevando y repitiendo algo, y además entender el sentido que eso pudiera tener en su Clan, alivia mucho la culpa (si la hay) y le da esperanza.

En ocasiones he visto que la persona tiene dificultad para hablar de su familia y he podido comprobar, por lo que contaban en la siguiente sesión, que han sentido incomodidad y a veces culpa por haber hablado en la consulta de asuntos íntimos de familiares que no están presentes. Por ello, suelo incluir en la introducción que hago antes de comenzar el genograma con el cliente que todo lo que vamos a hablar es completamente confidencial y que sólo lo "abrimos", momentáneamente, para mirar lo que pueda servirle a él. También le digo que en ningún caso hablaremos de "los suyos", o de lo que ellos hicieron, con la idea de juzgar u opinar. Y que al terminar el trabajo les daremos las gracias por "mostrarse" y los dejaremos en paz. Esto facilita que todo el trabajo de genograma fluya con mucha más confianza y facilidad.

- Explicarle previamente al cliente lo que vamos a hacer y para qué.
- Conseguir su implicación y permiso.
- Usar esta información para mirar al cliente de manera más compasiva, amplia y profunda.
- Imaginar detrás del cliente a "los suyos" facilitará el trabajo de Constelaciones Familiares en la sesión.
- Es importante detectar y señalar en el genograma los asuntos repetidos durante generaciones.

La mirada a "los invisibles" en el genograma

Al hacer el genograma es habitual que olvidemos tener en cuenta a los que suelo llamar "los invisibles" del Sistema Familiar. El cliente no hablará de ellos, o si lo hace será sin darles valor o con rechazo. Si preguntamos por alguno de ellos puede sentirse incómodo e interpretar incluso que no nos estamos enfocando en lo importante para él. Algunos de estos "invisibles" son los miembros del Sistema Familiar con los que menos relaciona el cliente su conflicto actual, y posiblemente sean los que más relacionados estén con él. Si miramos el genograma, son los que pueden tener más que ver con los "puntos calientes" de los que hablábamos.

El problema es que también puedan ser invisibles para el facilitador, quizás este resuene con lo que quedó invisible o excluido en su propio Sistema Familiar o en su vida personal. Es muy legítimo, por otro lado, que en ocasiones tengamos dificultad para mirar lo que generó dolor, asco, miedo o vergüenza. Sin embargo, como facilitadores, cuanto más capacitados y dispuestos estemos a hacerlo, más posibilidades habrá de generar algún tipo de reconciliación entre la persona y los invisibles de su Sistema Familiar, y esto siempre beneficiará a todos.

Nosotros somos también nuestra familia, nuestros ancestros, y el que algunos sean invisibles invisibiliza a su vez partes de nosotros mismos, dejándonos limitados, vulnerables y confusos. La invisibilidad es una forma de exclusión o autoexclusión que genera el propio Sistema Familiar. Es una forma de intentar resolver algo que no se pudo procesar en su momento para poder seguir adelante. Lo que queda sin procesar, queda pendiente. Lo que no se pudo mirar no está en paz y vuelve a presentarse, cogiendo otras formas en la actualidad. Por esto es esencial estar especialmente atentos a "los invisibles" haciendo el genograma con el cliente y, a la vez, es lo que resulta más complejo.

En un Sistema Familiar todos sus miembros pertenecen, nos gusten o no, los conozcamos o no, hayan hecho lo que hayan hecho. Esto parece evidente, pero en la realidad no es así. Han quedado excluidos muchos de ellos, a lo largo de la historia familiar, por algo que hicieron o que no hicieron. Quedar excluidos significa no mirarlos más o mirarlos mal. Parece lógico pensar que si un hombre no reconoce a su hijo, o nunca ha tenido relación con él, quede excluido o más bien él mismo se excluya. Sin embargo, en este caso pertenece de la misma manera que el resto de los hombres del Sistema Familiar, aunque haya podido perder sus derechos y sus afectos como padre.

También pertenecen, por ejemplo, todos los hijos nacidos, no nacidos o muertos, reconocidos o no, que los padres, abuelos, bisabuelos o ancestros hayan tenido. Ellos también pertenecen, aunque llegaran antes que nosotros o no pudieran llegar a nacer vivos. Además de pertenecer, tienen un lugar concreto en relación con el resto.

No sólo queda excluido alguien, sino que también puede quedar excluido algo. Por ejemplo, el dolor que quizás sintió un hombre al no poder reconocer a un hijo por motivos que a lo mejor nunca sabremos. Detectar lo excluido o a los excluidos en un Sistema Familiar haciendo un genograma es un arte y una bendición. Serán, además, claves para ayudar a sanar ese Sistema Familiar y lo haremos a través de la persona que llega con su síntoma y nos muestra algo de sí mismo y de los suyos. Es decir, no sólo se sana él haciendo el trabajo, sino que también, de alguna manera, se sana "aquello que pasó" y llega a su fin, acabando en él la repetición.

Algunos de estos miembros del sistema son especialmente difíciles de incluir, o no consideramos que pertenecen. Por ejemplo, "todos aquellos que mataron a alguno de los nuestros", "aquellos a los que algunos de los nuestros mataron" o, "los que murieron cerca de alguno de los nuestros", como pasaba en la guerra, o puede pasar cuando alguien muere en un accidente mientras otro vive. Todos ellos están unidos en su destino. Y eso es más grande que ellos y que nosotros. Incluir a todos estos en el genograma puede ser una novedad que amplíe la mirada del síntoma que trae el cliente, por ejemplo cuando este nos cuenta que siente que no merece la vida o que cuando se siente feliz tiene la sensación de que va a ocurrir algo malo.

La mirada a los invisibles es una de las partes más difíciles al hacer un genograma. Nos suelen generar rechazo, dolor, vergüenza o miedo. Los invisibles existen, aunque no los miremos. Y eso es precisamente lo que necesitan, que se reconozca su existencia y su pertenencia al Sistema Familiar. Por ello, tenerlos en cuenta al hacer el genograma será un primer paso, aunque no sepamos si esa información se "usará" o si estará relacionada con la demanda que trae en un principio el cliente.

- Los invisibles son los que no miramos o miramos mal en el Sistema Familiar.
- Suelen ser los que el cliente menos relaciona con su conflicto actual.
- Pueden ser también invisibles para el facilitador.
- Los que comparten destino de vida o de muerte también pertenecen.
- Tienen relación con los "puntos calientes" en el genograma".

¿Quién soy yo en el Sistema Familiar?

Yo soy parte del Sistema Familiar, pero no les pertenezco.

Al hacer el genograma, el cliente siempre está incluido. Es el que nos invita a mirar en su Sistema Familiar cuando viene a consulta con un síntoma que se repite. Es al primero que situamos en ese esquema familiar delante de sus padres y en relación con sus hermanos si los hay. Incluimos también a los hermanos no nacidos, los muertos, los no reconocidos, y los que están fuera del matrimonio de sus padres. Esta sería la primera línea a dibujar en un genograma. A partir de ahí, se empieza a desplegar todo ese Sistema Familiar que es anterior a él.

Al pertenecer a un Sistema Familiar, la persona "es alguien" para cada uno de ellos; es un hijo, un hermano, un sobrino, un nieto, etcétera. Tanto si los conoce como si no, el vínculo existe. Pero no sólo es alguien para cada uno de ellos, sino que también viene de ahí y lleva algo de cada uno de ellos. En muchas ocasiones le he pedido al cliente que diga en voz alta; "Yo soy yo y tú eres tú" a otra figura que representaba a alguien de su sistema con quien estaba completamente identificado sin saberlo. A veces no se trata sólo de una lealtad con esa persona del Sistema Familiar, sino que va más allá. Por ejemplo, la prima de 16 años de una cliente murió atropellada cuando ella sólo tenía 8 años y fue testigo de ello y del dolor tan terrible que el resto de la familia experimentó por esa pérdida. Su forma inconsciente de "arreglar" aquello fue ocupar el lugar de su prima para todos. Es decir, dejar de ser quien era para ser la otra y así aliviar ese dolor e intentar a la vez ser vista por la familia. Esto es justo lo que siguió haciendo el resto de su vida con todo el mundo. Estaba agotada, desconectada de sí misma y frustrada. Siempre asumía funciones que correspondían a otros. Le resultó tan liberador descubrir que ella no era "la otra", que la siguiente pregunta que se hizo fue: "¿quién soy yo?".

Pertenezco a mi Sistema Familiar, pero no les pertenezco y no me pertenecen. Cuando se van desmantelando las lealtades familiares, las identificaciones y la necesidad inconsciente tan poderosa que cualquier ser humano tiene de pertenecer a su Clan, empieza la libertad. Una libertad que en alguna medida tiene que ver con no seguir vinculados de manera amorosamente ciega y limitante al Sistema Familiar. Una libertad que tiene que ver con conectar con lo que realmente nos mueve y no tanto con lo que movió a otros.

- Pertenecemos al Sistema Familiar pero no le pertenecemos.
- Frase clave: "Yo soy yo y tú eres tú".
- Ser "sólo Yo" es estar libre de implicaciones, identificaciones y creencias que fueron útiles en el Sistema Familiar en un momento dado, pero que ya no lo son.

El título del Clan

Descubrir lo que yo llamo: "el Título del Clan" me ha ayudado a desvelar posibles lealtades no sólo con algunos de los miembros o de los hechos de su Sistema Familiar, sino también con toda la historia del sistema. Después de hacer numerosos genogramas en consulta, he observado que muchos de ellos cuentan una historia con una temática que los caracteriza especialmente. Por ejemplo, "abandonados", "amores imposibles", "maternidad y dolor", "después del éxito el fracaso", etc. Por ello lo llamo "el título del Clan", porque parece el título de un libro, una película, o una serie en la que siempre se cuenta algo que gira, una y otra vez, alrededor de ese mismo tema.

Pareciera que un Sistema Familiar "hace" eso de repetir asuntos como una forma de mostrar justamente lo que tiene que sanar. Descubrirlo nos pone en el camino de resignificar los síntomas más antiguos y repetidos de la persona que aparecen como señales de pertenencia a ese Clan y no tanto como algo propio. Por ejemplo, el miedo al éxito como lealtad a un Clan en el que gran parte de su historia cuenta las consecuencias de todos aquellos que para conseguirlo tuvieron que emigrar y separarse de la familia.

Hacer el genograma con esta mirada de "leer" la historia repetida durante generaciones es un arte y una bendición para mí y para el cliente. Hay historias familiares que se parecen en la rama materna y en la paterna, varían en matices y gravedad, pero cuentan la misma temática. Ver esa historia desplegarse a lo largo del trabajo del genograma me ayuda a ver quién es el cliente y a la vez quién no es. Cuando una persona puede contemplar esta historia repetida, se convierte en la posibilidad ,para su Sistema Familiar, de romper ese bucle haciéndolo diferente. Preguntarse ¿quién soy yo en mi Sistema Familiar? puede acercarle y a la vez, diferenciarle de ellos, y ese es el principio del fin de una historia que se repite. Significa pasar de ser "una víctima" a ser el creador de una nueva manera de vivir ese tema.

Cuando desvelamos parte de la lógica que mueve al Clan, podemos empezar a cambiarla. Esa lógica gira alrededor de hechos traumáticos que ya no están ocurriendo, pero el Clan "navega" como si tuviera un piloto automático, buscando evitar unos eventos y propiciar otros. Para modificar esa lógica, primero hay que conocerla lo mejor posible, de ahí la importancia de conocer los hechos más significativos que ocurrieron en la historia familiar, tanto por parte de madre como por parte de padre. La visión de esa lógica no la proporciona sólo conocer algunos de los hechos ocurridos en la familia, sino tener la perspectiva suficiente como para ver qué tienen en común, cuáles se repiten y, sobre todo, las consecuencias que causaron después de que ocurriesen. No sólo nos fijaremos en las consecuencias externas (muertes, separaciones tempranas...), sino también en las que posiblemente ocurrieron en el mundo emocional de la persona y quedaron tapadas. Por ejemplo, la culpa que siente un hermano mayor cuando se va para hacer lo que quiere y su hermano pequeño queda en casa teniendo que seguir con el negocio y al cuidado del padre. Destapar lo que quedó oculto nos ayudará a entender mucho mejor qué conclusiones sacó el Clan con relación a algunos temas. De qué se protege, qué necesita drenar para sanarse y para dejar de repetir la misma forma de procesar algo que ya no tiene nada que ver con lo que ocurrió.

Podría decirse que, paradójicamente, lo único que podemos cambiar es el pasado, más concretamente resignificarlo. Si nuestra manera de mirarlo cambia, no seguirá actuando inconscientemente en nosotros de la misma manera. Nosotros somos el nuevo filtro que mira lo que pasó desde un lugar nuevo. No es cuestión de autoengañarse ni de contarnos que no ocurrió. Se trata de todo lo contrario; de mirar esa historia que cuenta el Clan e incluir todo lo que quedó excluido en su momento. Mirar el pasado con otros ojos nos pone en un presente también diferente, vinculado al pasado. Si vamos creando el futuro desde el presente, el futuro del Clan tendrá la oportunidad de evolucionar en otras direcciones.

El facilitador tendrá un papel clave en todo este proceso. No se tratará sólo de explorar con el cliente: "dónde está él en su genograma", sino que también será necesario acompañarlo en los sentimientos de culpa, transgresión o miedo que puedan despertarse cuando la persona traspase en consulta límites que para su Sistema Familiar estaban prohibidos, por las consecuencias que causaron.

- "El título del Clan" es el resumen de la historia familiar cuando gira alrededor del mismo asunto una y otra vez.
- La persona puede ser la palanca de cambio para generar el fin de un bucle en un tema de la historia familiar.
- Descubrir la lógica que mueve al Clan nos permite cambiarla.
- No se trata de conocer sólo los hechos que ocurrieron, sino también las consecuencias externas y emocionales que provocaron.

Esquema básico de un genograma

- Lo llamo "esquema básico" porque sólo he querido plantear una idea muy simplificada de lo que podría llegar a ser un genograma.
- El genograma puede hacerse de muchas maneras, según el estilo y el conocimiento del facilitador.
- También dependerá de la información que el cliente tiene sobre su propio Sistema Familiar.
- La información del cliente acerca de su Sistema Familiar siempre es la adecuada para poder trabajar.
- Lo importante es que cada facilitador busque su propia manera de hacerlo, siendo él quien mejor entienda este esquema cuando recurra a él en esa sesión o en otras posteriores.
- Tener la demanda escrita en la misma hoja puede servir para no perder de vista lo que queremos explorar en el Sistema Familiar, en relación a la dificultad que el cliente trae a consulta.
- Es interesante disponer de espacio físico suficiente para desplegar varias generaciones en el genograma si la información que tiene el cliente lo requiere.
- Sugiero no incluir a las parejas de los hermanos y tíos, ni a los hijos de estos. Aunque podemos mencionar en este genograma o en anotaciones aparte algo que fuese importante nombrar sobre ellos.

- Mi propuesta es separar en dos hojas distintas el genograma de la familia de origen y el de la familia actual.
- Se puede ver en el siguiente genograma cómo señalo algunos “puntos calientes” de la historia familiar, subrayando lo importante para que visualmente sea mucho más fácil localizarlos a lo largo de la sesión.

Primera Demanda

Espacio destinado a escribir, de forma más concreta, la demanda del cliente, resaltando las expresiones que usa al hablar de su síntoma.

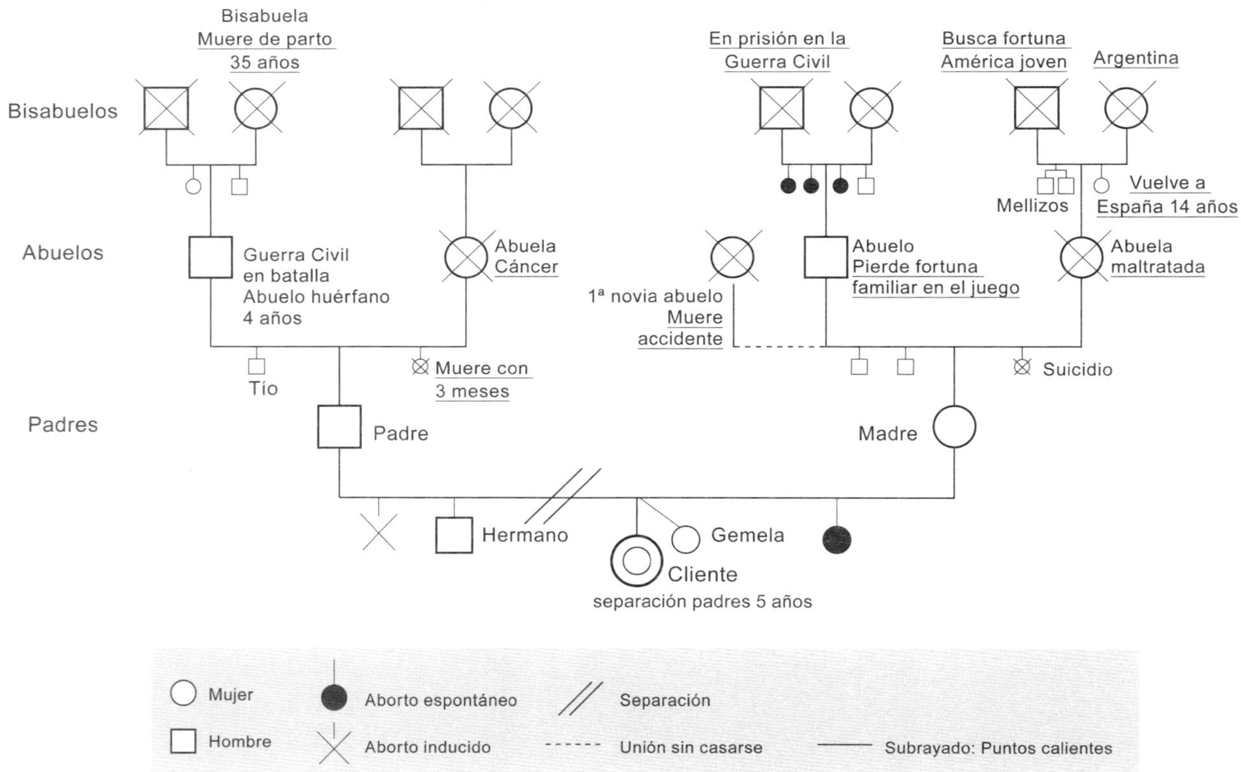

Esquema (Ejemplo) de la familia actual del cliente

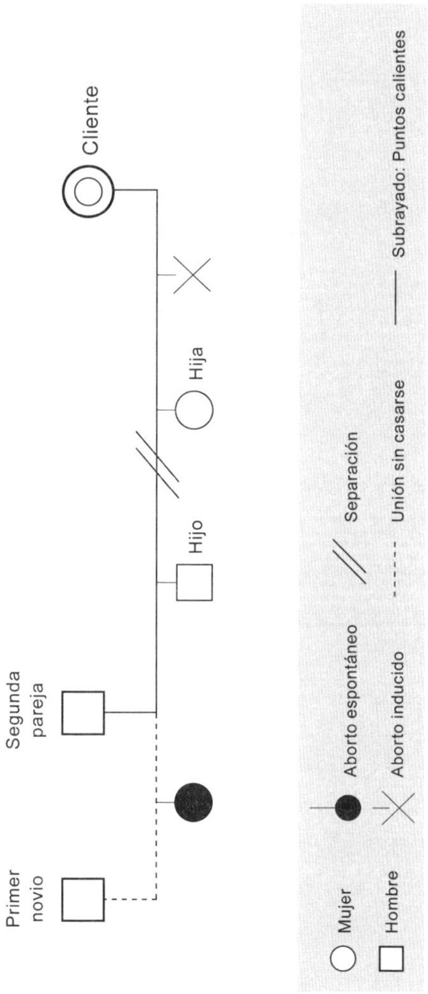

4
Cómo usar los muñecos en la sesión individual

Las representaciones con figuras pueden llegar a ser poderosos canales para que se despliegue una información personal o sistémica clave para la persona. Los muñecos nos sirven para representar aspectos internos, externos, pasados o presentes del cliente en una sesión individual. Nos ayudan a configurar escenas donde pueden aparecer representados miembros de su Sistema Familiar y hacer, si es lo más conveniente, una Constelación Familiar donde se identifiquen y actualicen lealtades inconscientes y desordenes sistémicos.

Para que un muñeco haga esta función de representar asuntos para el cliente, hasta el punto de hacer a través de ellos una Constelación Familiar, será bueno tener en cuenta algunos requisitos fundamentales a la hora de usarlos en la sesión. Estos requisitos son muy útiles para aumentar su credibilidad y eficacia como representantes. La manera en la que los introducimos, los colocamos, los movemos y los guardamos, les puede dar fuerza o quitársela, quedando reducidos a figuras que, como mucho, nos servirán para dar explicaciones pedagógicas o como elemento proyectivo para el cliente, en lugar de servirnos para representar a algunos de los miembros de su Sistema Familiar o de sí mismo de una forma más real.

Nosotros, como facilitadores tenemos el trabajo de cuidar de los muñecos como representantes y también del desarrollo de toda la representación. Cada movimiento que hagamos con ellos, cada frase que se les diga, puede resonar en el cliente de una forma a veces sorprendente y generarle ansiedad, enfado, tristeza, amor, comprensión o a veces desconexión, si esos movimientos o esas frases han sido bruscos o inadecuados. Por ello, la recomendación siempre será tratar a las figuras con amabilidad y con sumo respeto.

Para el cliente, la sensación al ver al facilitador tocar y mover las figuras que representan aspectos suyos o de los miembros de su Sistema Familiar, puede llegar a ser que "tenemos en nuestras manos", algo suyo, y eso es muy delicado.

Uno de los beneficios más interesantes que nos proporciona el trabajar con muñecos es que están disponibles en todo momento para hacer una Constelación Familiar en la sesión individual. Esto nos permite, entre otras cosas, no tener que organizar un grupo con representantes para poder hacer una Constelación.

Realizar una Constelación Familiar en una sesión individual también nos permite profundizar con el cliente no sólo en su síntoma, sino también en su historia familiar, con tiempo e intimidad. Algunas personas necesitan este encuadre en la sesión individual, pues se sienten menos expuestos y más confiados que en la grupal. Puede ser también una forma progresiva de acercamiento a una experiencia posterior en grupo. Incluso, en otras ocasiones, la persona puede elegir este encuadre individual después de asistir a una Constelación Familiar grupal, con la idea de profundizar más en algún tema y entrar, si fuese necesario y posible, en un proceso terapéutico. En cualquier caso, poder ofrecer este trabajo con muñecos a un cliente nuevo o a alguno con el que se esté realizando ya algún tipo de trabajo terapéutico, o de mediación, es una forma de complementar y ampliar la visión del asunto que se esté tratando.

Resultará muy útil hacer el genograma con el cliente, tanto para usarlo en esa sesión como en otras posteriores. La información que surge en esta exploración de los acontecimientos autobiográficos y familiares supone por sí misma parte de lo que puede ser un trabajo terapéutico. Se desvelan para el cliente muchas de las repeticiones o similitudes entre acontecimientos que se han dado en su historia familiar y los que se producen en su vida actual.

Disponer de datos de la historia familiar, cuando eso es posible, nos permite conocer parte de la historia de algunos de sus miembros, lo que nos ayudará cuando tengamos los encima de la mesa muñecos que les representan. Saber más sobre cada uno de ellos siempre facilitará el trabajo.

Evidentemente los muñecos no hablan cuando están representando a alguien o algo, y eso nos invita a observar especialmente dónde y cómo son colocados por la persona en la sesión, y qué sabemos de la historia de ese miembro o de ese síntoma para poder interactuar en la escena de una forma concreta y fiel a la información que tenemos.

La imagen, la palabra y los movimientos con los muñecos como vehículo para la actualización del conflicto en la persona

Lo que siempre nos preguntamos cuando nos planteamos trabajar con muñecos es: ¿cómo vamos a hacer una Constelación Familiar si los muñecos no responden al preguntarles y no se mueven por si solos? Lo que tenemos que saber es que lo importante va a ser la información que le llega al cliente con la imagen que ve delante de él, el efecto que siente con las palabras que él mismo va a dirigir a estas figuras, y las sensaciones que van a ir surgiendo con cada movimiento entre ellas a lo largo de la sesión y de su proceso.

En el trabajo con los muñecos necesitamos darle un valor extraordinario a todo lo que ocurre con ellos desde el principio del encuentro. Que su aparente silencio y quietud no sean lo importante.

En muchas ocasiones aparecen grandes contradicciones entre lo que cuenta el cliente acerca del asunto que trae a sesión y la representación de ese asunto que él mismo hace con los muñecos. Ser consciente de una contradicción entre lo que dice y lo que representa le permitirá estar más cerca de la realidad y no tanto donde creía estar. Esta revelación puede contribuir a que el cliente esté más dispuesto a ver lo que hay detrás de esa contradicción entre lo que cree y cuenta, y lo que le devuelve la imagen de las figuras que él mismo coloca.

Por ejemplo, en una entrevista inicial que tuve con una mujer, describió su relación con su expareja como respetuosa por su parte, pero no tanto por la de él (que la considera incluso violenta). Al hacer una representación con las figuras, colocó al representante de la expareja (padre de sus hijos) excluido de la imagen que componían: la casa, (en la que ella vivía y que todavía compartía legalmente), ella y sus hijos. En este caso invité a la cliente, a través de la figura de su representante, a ponerse delante de la expareja y decirle; "Yo también soy violenta al sacarte fuera de todo", "Ahora veo que tú también perteneces", "Ahora veo mi parte". Si esas frases resuenan en ella y la tocan emocionalmente, las figuras "me permitirán" colocar a la expareja más cerca de sus hijos y de la casa común, y la cliente, al ver esta nueva imagen, podrá estar conforme y tranquila. Esa sensación de tranquilidad de la mujer es la que a mí me permite mover esa figura excluida del hombre y dejarla ahora dentro de la imagen. Pero si la mujer no resuena con esas frases de reconocimiento no soportará ver la figura de él dentro de la escena. Esto me indicaría que hay más trabajo que hacer con ella para explorar esa dificultad en reconocer "lo que es" (que su expareja es el padre de sus hijos por igual, propietario legal de la casa y, además, que ella misma genera su propia violencia). Podría ser oportuno en este caso para seguir el trabajo que eligiese algunas figuras que representen su rabia y su dolor y las incluyese también en la imagen.

Querer excluir una parte de un asunto no suele ser una buena manera de resolverlo. Especialmente cuando esa parte también pertenece. Más bien, vamos comprobando que este trabajo con los muñecos y las Constelaciones Familiares siempre va dirigido a una reconciliación con todo lo que ya es.

Para el cliente, la imagen de la escena, las palabras dirigidas a algunas de las figuras y los movimientos que realizamos con ellas a lo largo de la sesión son los vehículos que le facilitan actualizar su conflicto, sacándole de la posible intrincación con el pasado o permitiéndole reconciliarse con personas o aspectos propios excluidos.

La imagen y los muñecos

Sí. Una imagen a veces vale más que mil palabras. A las imágenes se les atribuye mayor objetividad que a las palabras. Es más fácil mostrar algo que explicarlo. La persona le da más credibilidad a lo que ve que sólo a lo que oye.

Gran parte de los conflictos actuales tienen intrincaciones en el pasado. Es decir, son vividos con filtros, cargas o influencias de algo que ocurrió más atrás, que hace que ahora se distorsione lo que tenga que ver con ese asunto. Actualizar ese conflicto, a través de las figuras encima de la mesa, pasará por ver una imagen de cómo fue en el pasado y otra de cómo está siendo el conflicto en el presente para desvincular, a través del trabajo con el cliente, el pasado del presente.

Por ejemplo, que en generaciones anteriores los hombres murieran jóvenes generando mucho dolor y muchas consecuencias, puede tener que ver con la mirada de rabia y desconfianza hacia los hombres en la actualidad. Se trata de separar lo que allí pasó de lo que esté pasando ahora. Los muñecos nos sirven para representar algunas de esas escenas. En el ejemplo anterior la clienta podrá explorar con la imagen cómo es mirar a los hombres con sus propios ojos y no sólo con los ojos de los que vivieron aquello. Así, lo que a ella le sucede con los hombres en la actualidad tendrá otra dimensión más ajustada a su realidad.

Las imágenes con muñecos son importantes dinamizadoras, permiten ver lo que no se ve cuando sólo hablamos o analizamos el conflicto en consulta. Tener perspectiva con cualquier tema que se esté tratando en consulta es una de las mayores riquezas que nos aporta esta forma de trabajar con muñecos. La perspectiva proporciona una visión global de la situación y facilita al cliente explorar cuál está siendo su lugar con relación a todo y a todos, y cuál podría ser un lugar mejor para él ahora.

Mirar una escena con perspectiva implica poner distancia con la imagen, significa crear un “ojo ampliado” que abarque todo el panorama posible. Este ejercicio de separarse de algo para verlo mejor convierte que miramos en algo más abarcable que cuando sólo miramos lo que nos pasa desde dentro. Extrapolar este movimiento de tomar perspectiva de lo que nos ocurre en la vida nos ampliará quizás las posibilidades de acción. Cuando miramos algo “desde fuera”, nuestra visión interna acerca de eso cambia de una forma espontánea y se hace más ancha e integradora. Una sola imagen puede transmitir la esencia de algo de una manera más efectiva que una mera descripción verbal o textual.

Por todo esto, es de gran ayuda para el facilitador trabajar con figuras que le ayuden a llegar donde él sólo no puede llegar.

Cuando el cliente ve la imagen de su conflicto a través de los muñecos, que él mismo ha colocado en la mesa, descubre por sí mismo algo sobre ese conflicto, lo que le genera una sensación muy potente de estar haciendo el proceso él sólo. El facilitador se queda en un segundo plano, donde su presencia es clave, pero a la vez se hace invisible ante la imagen colocada por la persona. Su labor será cuidar los movimientos que se hacen en ella y conseguir que la persona ponga su atención en esas escenas una y otra vez. Es justo en esa imagen donde se revelará una nueva manera más amplia de ver el asunto. Al cliente, el hecho de tener que crear esa escena con las figuras y sentir dónde colocar a cada una de las partes implicadas le posibilita hacer movimientos internos para ponerse en el lugar de otros, y colocarse él mismo también en otros lugares. Esto aumenta la información que dispone del asunto que trae y de las partes implicadas.

En muchas ocasiones veo a los clientes contemplar una escena con figuras, colocada por ellos mismos, y asentir mientras no pueden dejar de mirarla. Sus palabras suelen ser: “¡Ahora lo veo!”, como si el hecho de verlo les confirmase en lo más profundo de sí mismos lo que ya sabían.

Por ejemplo, para un cliente fue muy revelador ver a través de una imagen con las figuras las consecuencias de estar ocupándose de sus padres más de lo que le correspondía y de lo que podía. En este caso, la imagen que él mismo dispuso en la mesa mostraba la figura que le representaba a él detrás y pegada a la de los padres, sin espacio para tener una pareja al lado o un proyecto delante. La imagen le desvelaba las consecuencias de no ocupar sólo su lugar como hijo en la familia. Gracias a los datos de los que disponía tras hacer el genograma al principio de la sesión, supe que sus padres perdieron a alguno de sus padres cuando eran niños. Así se pudo entender mejor, al ver la imagen, cómo la figura que le representaba a él estaba ocupando ese lugar para sus propios padres. Este trabajo permitió al cliente experimentar a través de las figuras la sensación física que le producía verse en su sitio, sólo como hijo, mirando hacia delante y con sus padres y sus abuelos detrás (no delante).

Un aspecto muy valioso que tiene la imagen es que nos permite "viajar" a cualquier parte del pasado. Ver una escena del pasado puede ser muy movilizador para el cliente, especialmente cuando él está dentro de esa escena y puede interactuar con otras "personas" que también la componen. Esto facilita "un encuentro" entre ellas, que de otra manera sería muchas veces imposible. Estos "encuentros" se pueden desarrollar a lo largo de la sesión, respetando el ritmo que la persona necesite para hacerlo. Por ejemplo, generando el espacio necesario entre algunas figuras, para que el cliente se sienta seguro y pueda volver a mirar "aquello que quedó pendiente" y resolverlo.

Podremos comprobar cómo cualquier movimiento que hagamos con la figura que lo representa a él, hacia alguna de las partes de esa escena, le provoca sensaciones diferentes, en ocasiones muy intensas, que nos darán la pista de cómo ir trabajando hasta que se produzca una reconciliación para todos.

Por ejemplo, una escena donde aparece la figura que representa al cliente, de niño frente a su padre, cuando este murió. Esta escena es delicada, y necesitará un ritmo especialmente lento hasta conseguir que la figura del niño se acerque más a la del padre y le pueda decir: "Me dolió mucho perderte tan pronto, y todavía me duele". Esto fue algo que en el pasado no se pudo mirar ni expresar. En este tipo de escenas, cuando el cliente es un niño, siempre estará presente una figura que represente al adulto en la actualidad, que será la que haga el trabajo de" hablar" con el resto de las figuras. Esta imagen en la que el cliente puede ver al niño, al adulto y a la vez al padre del que no se pudo despedir, será reconciliadora y sanadora para todos. Una buena señal de que todo ha ido bien cuando estamos terminando una sesión con muñecos es que el cliente mire esa escena final y esté conforme con el nuevo orden de las figuras, donde se ha incluido lo que quedó excluido.

La imagen que la persona ha visto seguirá actuando en ella con el tiempo. Es otro de los grandes y positivos efectos que tienen las escenas creadas con muñecos. Cuando vemos una imagen que nos ha generado algún tipo de impacto emocional, la información que desprende queda registrada en nosotros sin esfuerzo.

En algunas ocasiones, la persona pide hacer una foto de esa última escena con las figuras. Es un deseo de captar lo que la imagen le revela. Esto en ningún caso es necesario, pero para ella puede ser un recordatorio bonito y eficaz de lo descubierto en la sesión.

La palabra. "Las frases" con los muñecos

Cuando la palabra está en coherencia con la imagen y genera orden, aporta fuerza al trabajo con muñecos.

Trabajar con muñecos convierte a la palabra en una parte fundamental de la sesión. Los muñecos no hablan, pero como facilitadores podemos reproducir con las figuras parte de la historia que nos contó el cliente, para nombrar en esta ocasión lo que no fue visto o no fue dicho. Por ejemplo, cuando en una imagen familiar de la persona incluimos una figura que representa a un hermano anterior a él que murió al nacer, y le pedimos que, mirando a esta figura, le diga: "Ahora te veo, tú también perteneces, dejo de ocupar tu lugar, ahora veo que yo soy el segundo y tú el primero". De alguna manera, esta imagen familiar es "nueva" para el cliente, ya que nunca la pudo ver directamente en su vida. Si además de ver la imagen con ese hermano incluido, le dice en voz alta a esa figura quién es y qué lugar ocupa, resultará todavía más revelador y liberador para él.

Hacer una declaración en voz alta sobre lo que sentimos con algo o alguien lo hace más real que si sólo lo pensamos.

Por ejemplo, pedirle a la persona que diga en voz alta a través de la figura que la representa: "Ahora elijo la vida, ahora ocupo sólo mi lugar, ahora yo por mí". Estas frases le darán más fuerza y sentido al nuevo lugar que ocupa en la escena.

Cuando nos dirigimos al otro mediante la palabra nos vinculamos más y abrimos un canal que quizás nunca había existido hasta ese momento. Por ejemplo, cuando una persona se dirige a la figura que representa a su abuela, que murió en el parto de su madre y en la que nunca había pensado, diciéndole: "Abuela, soy tu nieta y estoy viva gracias a ti". Estas frases suponen un reconocimiento y una actualización del vínculo con aquella mujer de la familia que nunca conoció, y normalmente conmueven a la persona y amplían su mirada sobre su propia historia.

Cuando se usan las frases en la representación con las figuras es conveniente que sean precisas e inclusivas. Es decir, que sirvan para nombrar y reconciliar partes de la historia actual o pasada de la persona, o para señalar emociones que quedaron ocultas y vividas en soledad por ella o por alguno de los suyos. Por ejemplo, volver a través de las figuras a la escena en que la persona, siendo niña, pierde a su madre y (con la figura que la representa a ella en la actualidad) dirigirse a su "yo niña" para decirle; "Ahora veo tu dolor y tu soledad, nadie lo vio, ahora ya está a la luz y ya me ocupo yo". Dirigirse en voz alta a una parte de sí misma (su niña) y a la vez reconocer algo que en su momento no se hizo, ayudará a rescatar y sanar lo que en aquel momento no se pudo.

La voz del facilitador en una representación con muñecos debe ser pausada y tranquila. Es interesante bajar el tono de nuestro discurso y enfocarnos en la escena que se desarrolla delante de nosotros. Al cliente le resultará inspirador escuchar cómo nos dirigimos a alguien de su Sistema Familiar representado en la escena de manera respetuosa, firme y calmada a pesar de que lo que se tenga que decir pueda ser, a veces, duro o difícil. Por ejemplo, cuando el cliente se dirige al representante de un miembro de la familia que le hizo daño, le podrá decir; "Me dolió mucho, todavía me duele, todavía estoy enfadado, dejo contigo lo tuyo". Esto no excluye la emoción de ira, dolor, o tristeza que sienta la persona, pero decir esas frases con respeto, claridad y firmeza será más contundente para ella, porque le ayudará a colocarse en el adulto que quiere ser hoy.

Cuando miramos la imagen de los muñecos creada por la persona, e intervenimos en esa escena haciendo que el cliente hable con los miembros que la componen, conseguimos de alguna manera un efecto de "dar vida" a la escena, y esto ayuda a que el cliente "entre" más en ella.

Al trabajar con muñecos me parece especialmente interesante, si es posible, conocer la historia del Sistema Familiar del cliente, en concreto la de los miembros con los que se va a trabajar en una escena con figuras. Es más fácil que el cliente repita las frases que le proponemos cuando lo que tiene que decir a esas figuras le suena a lo que él mismo nos contó al hablar de los suyos.

Por otro lado, narrar en voz alta para el cliente parte de su historia, que además está allí representada con muñecos, le sitúa dentro de esa imagen hasta el punto de sentirse a veces como si estuviese allí realmente. Este "como si", creado con las figuras y las palabras, abre un campo nuevo de información que se manifiesta en la representación. Ahí es cuando los muñecos nos transmiten ese contenido inesperado, que asombra, enriquece y confirma algo importante y único para la persona.

La intención que hay detrás de nuestras palabras como facilitadores también se filtra en la sesión, convirtiéndose en un elemento de fuerza o de freno en la evolución del trabajo del cliente. Es decir, si mi intención es convencer a la persona, transmitirle indirectamente mis preferencias, o tomar partido por alguien en la escena, esto se traducirá en mis palabras o en mi tono de voz, lo que generará resistencias en ella a la hora de repetir las frases que le propongo, llegando incluso a negarse a hacerlo. Por eso, la actitud de neutralidad del facilitador será una de sus mejores cualidades para hacer un buen trabajo. La intención como facilitadores, en cada una de las palabras sugeridas al cliente, debería ser la de dirigirnos a un lugar más amplio y reconciliador para él. Se trata de acompañarlo desde la neutralidad, el respeto y la aceptación de todo lo que fue, como forma de darle fin.

El ritmo adecuado entre frase y frase, según la necesidad de cada persona en la sesión, lo conseguimos a través de "los silencios". El facilitador tendrá que "llevarse muy bien" con la capacidad de estar en silencio y de invitar a la persona a que también lo esté en determinados momentos de la Constelación Familiar con muñecos. Tener un buen ritmo en el discurso se traducirá en que la persona perciba que se la está acompañando en su sentir después de decir algunas frases especialmente intensas para ella. Por ejemplo, pedirle a una persona que diga a una figura que representa a su hermana mayor, que murió joven cuando ella era pequeña: "Me dolió mucho perderte tan pronto, todavía me duele". Después de esta frase será adecuado guardar un silencio que acompañe a la persona en su sentir, que refuerce lo dicho y deje sitio a la expresión emocional si la hubiese.

Si el cliente tiende a hablar en la sesión cuando las figuras ya están puestas formando una escena encima de la mesa, le invitaremos directamente a que mire la escena y guarde silencio durante un momento. Aquí, nuevamente, el silencio será una ayuda y facilitará que la persona pueda entrar más en el campo visual de la escena con los muñecos y vaya saliendo de lo analítico y racional que nos despierta el uso de la palabra.

Por todo ello, la palabra, la voz, el tono, la intención y el ritmo sumarán en el trabajo con muñecos. Hablarles a las figuras como si fuesen esas personas que representan, las hace un poco más reales a ojos del consultante.

El movimiento entre los muñecos

El facilitador, después de escuchar la demanda del cliente, es el que decide a quiénes se va a representar con los muñecos en la sesión. El cliente elegirá con qué figuras concretas quiere hacerlo y cómo colocar la escena que represente el asunto que se decida explorar. Finalmente, será el facilitador, a lo largo del encuentro, quien haga los movimientos entre ellas para acercarse a una solución con el cliente.

Mover las figuras es una parte muy delicada de la sesión.

Las figuras dejan de ser sólo figuras para convertirse en representantes de aspectos conscientes e inconscientes de la persona y de su Sistema Familiar. Por ello, ni el facilitador ni el cliente pueden jugar con ellas, ni tocarlas sin atención o hacerlas desaparecer sin motivo. Es por esto interesante que sea sólo el facilitador el que mueva las figuras, siguiendo las normas básicas de atención, respeto y amabilidad. Esta forma de tratarlas ya estará teniendo un efecto en la persona que observa desde fuera cómo "tocamos" y tratamos a "los suyos". Una vez que la persona ha colocado las figuras, ya están en su campo de representación. Es decir, las distancias que elige poner entre ellas va más allá de lo racional, y en muchas ocasiones reflejan justamente lo que necesita ver de esa situación para llegar a otro lugar más amplio.

El cliente sentirá de alguna manera en su cuerpo cada movimiento que hacemos con la figura que le representa a él y también cada movimiento que hagamos con el resto de las figuras, especialmente con las que tiene algo pendiente. Por ejemplo: un cliente afirma en la entrevista inicial que el duelo por la pérdida de su padre, fallecido hace más de diez años, está en una fase de aceptación y que se siente en paz con ello y con la situación en la que queda su madre, ahora más sola. Lo que quiere ver en consulta es su sensación de no tener vida propia o de no conseguir que esta "despegue". Cuando le pido que coloque figuras para su familia de origen y para él representa la figura de su padre a su lado en la misma línea, completamente pegado, y al otro lado a su madre, sin espacio para nada más. Cuando le digo que voy a mover la figura del padre fallecido más atrás, que es donde se encuentran las generaciones anteriores (los que ya han muerto o los ancestros), y así representar una imagen más fiel con la realidad de esta muerte, su reacción es de dolor, culpa e incomodidad y pide que la vuelva acercar a su lado. Aquí es donde vemos, de manera sencilla, la fuerza que puede tener el simple movimiento de una figura a otro lugar y todo lo que esto puede despertar en la persona. También nos invita a continuar el trabajo en dirección a lo que las figuras nos ayudaron a ver, en este caso, volver a mirar su lugar con relación a sus padres y en concreto a la muerte de su padre.

Para el cliente, volver a ver a alguien, aunque sea a través de su representación, puede despertar memorias y sentimientos de dolor o miedo que de otra manera sería más difícil que ocurriesen. En muchas ocasiones tenemos que respetar, a lo largo del trabajo, la distancia que el cliente ha establecido entre las figuras cuando las ha colocado encima de la mesa. O, si fuese posible, acercarlas entre sí despacio y con algún sentido, preguntándole si está bien para él antes de hacerlo. En cualquier caso, los movimientos que hagamos con ellas tienen que ser lentos y precisos.

Como se puede ver en el ejemplo anterior, la representación de las figuras por parte del cliente nos sirva para chequear más profundamente una situación de algo que nos ha contado anteriormente. Es una manera de calibrar el lugar en el que cree estar y el lugar en el que realmente está. Esto no significa que la persona mienta al contarnos su situación, si no que hay partes de ella que no sabe o no ve del todo y sólo aparecen cuando coloca la imagen

Alejando o acercando unas figuras de otras en la representación que ella misma coloca se consigue explorar con la persona su conflicto, para observar después de cada movimiento, su reacción ante ello. Con estos movimientos entre figuras no estamos haciendo una Constelación, simplemente exploramos su reacción ante las partes que componen la escena, ampliando la información que tenemos de ella. A la vez, esto ya es en sí mismo un trabajo de actualización del asunto para la persona, que comprueba en su cuerpo cómo se siente en relación con cada una de las partes del conflicto y que no siempre va a coincidir con lo que ella creía sentir.

Una vez que realizamos movimientos de algunas de las figuras es fundamental preguntar al cliente cómo se siente con ello. Esto le servirá para observarse física y emocionalmente a lo largo de la sesión y así "entrar" más en la escena. A la parte racional de la persona le resulta increíble que el movimiento entre figuras le genere una resonancia emocional que puede llegar a ser muy intensa y reveladora. Las preguntas que formula el facilitador después de hacer algunos movimientos entre figuras deben ser sencillas y a la vez orientativas para la persona. Por ejemplo, si hago un movimiento con la figura que representa al cliente, colocándola delante de la escena, mirando hacia delante y dejando atrás el lugar que ocupaba al lado de una tía que murió muy joven, la pregunta puede ser si en ese nuevo lugar se siente igual, mejor o peor. Esta pregunta le invitará a observar la sensación que ese nuevo lugar le genera. Y su respuesta nos dará una información importante a la hora de seguir avanzando en el trabajo.

Los movimientos suelen hacerse con la figura que representa a la persona, es decir, será esa la que usemos direccionándola y a veces acercándola, al resto de las figuras para contactar con ellas y para que "pueda decirles" algo a algunas de ellas.

Que sea el facilitador el que mueva las figuras permite encarar a algunos muñecos entre sí, algo que la persona nunca haría por sí misma. Por ejemplo, poner la figura del cliente mirando a la del hermano mayor con el que lleva años sin hablarse. Hay un factor sorpresa para el cliente en ese movimiento generado desde fuera por el facilitador y que él, no obstante, termina viviendo como propio. No olvidemos que la escena la ha colocado inicialmente la persona y que las figuras representan a miembros de su sistema o aspectos suyos. Es su campo de representación, y lo que pasa ahí ocurre también dentro de la persona. Esto va dejando al facilitador en un segundo plano y proporciona al cliente la sensación de estar haciendo todo el trabajo él solo. Esto último es lo que da más fuerza, ya que la persona acepta más fácilmente lo que ve y lo que siente por sí misma que lo que le dicen desde fuera.

El facilitador utiliza la figura que representa al cliente para hacer los movimientos hacia las otras figuras en la escena. El resto de los muñecos podremos moverlos en esa imagen siempre que los coloquemos donde les correspondería jerárquicamente. Por ejemplo, podremos poner a las generaciones anteriores del cliente detrás de él, a las que representan a los fallecidos más retirados del resto (al final de la imagen), los hijos delante, y los hermanos y parejas en la misma línea que la figura que representa al cliente.

Gran parte del trabajo con muñecos consiste en que la persona logre estar conforme con todos estos movimientos de orden, donde cada uno ocupa su lugar, incluida ella.

El uso de las figuras es especialmente interesante para trabajar y explorar también partes intrapsíquicas de la persona o de su vida pasada. En ese caso, se utilizarán figuras que la representen a ella misma pero en distintas épocas de su historia. Los movimientos con las figuras irán en dirección a generar encuentros entre ellas para que el cliente explore sus sentimientos. Trabajaremos con el cliente en una reconciliación con todos esos aspectos intrapsíquicos o esas partes del pasado hasta poder mover las figuras poco a poco, colocándolas detrás de él cómo apoyo, o también a su lado, como compañeras de vida y no como enemigas.

En alguna ocasión el cliente también puede mover alguna figura dentro de la escena si lo siente así o lo pide. Será conveniente preguntarle antes de que lo haga cómo sería ese movimiento y por qué. Como ya he comentado antes, el facilitador es el que cuida todos los movimientos del trabajo con los muñecos y no pierde de vista lo que representan o a quienes representan.

"La técnica del Barrio Sésamo". La descripción vs la interpretación

Ante una escena, colocada por el cliente, con figuras quietas encima de la mesa, la sensación para un facilitador puede ser la de no saber por dónde empezar.

En los años 80 se emitía un programa infantil en Televisión Española que se llamaba "Barrio Sésamo", en el que se enseñaba a los niños el significado de conceptos básicos como arriba-abajo, dentro-fuera, nosotros-ellos... A través de sus personajes se escenificaban situaciones, hasta que se veía claramente lo que se quería explicar. "La técnica del Barrio Sésamo" como yo la llamo, consiste justamente en describir lo que está representado encima de la mesa y nombrar a los que están formando parte de esa escena de la manera más sencilla y clara posible.

Por ejemplo, si la escena es de la figura del cliente con sus padres, describiremos al cliente cómo están colocadas las figuras y quién es él con respecto a ellos, aunque eso ya esté a la vista. Lo que le dará más fuerza a esta técnica es invitar al cliente a que lo exprese él también en voz alta a través de la figura que lo representa. "Mamá, yo sólo soy tu hijo", "Papá, tú eres mi padre", "Vosotros sois más grandes que yo", "Ahora veo que estoy entre vosotros" (si la figura aparece colocada por él entre los padres). Estas frases que parecen tan evidentes y simples, pueden suponer para la persona una revelación más grande de lo que nos imaginamos.

El hecho de que el cliente escuche una descripción de "lo que es", más que una interpretación de la escena por parte del facilitador, le ayuda a desvelar por sí mismo el posible desorden sistémico en el que pudiera estar implicado inconscientemente. La imagen externa con las figuras le muestra al cliente algo diferente a la imagen interna que tenía. Si pone voz a esa escena diciendo quién es quién, podremos mover las figuras para que sean más coherentes con esa descripción. En el ejemplo anterior, podremos poner la figura del cliente delante de los padres y sacarla de ese lugar entre ellos donde no se distingue que él es el hijo y vino después.

Gracias al genograma que hicimos con él al inicio, tendremos detalles que nos serán muy útiles a la hora de usar "la técnica del Barrio Sésamo" en la sesión y ampliar su mirada en relación a su Sistema Familiar, su lugar en él y las consecuencias que algunos hechos pudieron tener en su vida. Por ejemplo, si el cliente ha dispuesto en la mesa una escena donde ha colocado a su lado a una figura que representa a una hermana que murió de niña y, a su otro lado, la figura de su madre, podremos pedirle que simplemente le diga a la figura de su hermana: "Tú estás muerta y yo estoy vivo, ni tú estás en tu sitio (más atrás en la escena, donde están el pasado, los muertos y los ancestros), ni yo estoy en el mío" (delante de la escena, mirando al futuro).

Y a la madre decirle también "Yo soy tu hijo vivo y ella es tu hija muerta, ella es ella y yo soy yo, yo nunca seré ella para ti aunque me esfuerce".

Como vemos, la "técnica del Barrio Sésamo" sigue siendo la de describir la imagen, nombrar quién es quién y el lugar que ocupa cada uno. También podremos pedirle que le diga a esa hermana lo que ocurrió (esto lo sabremos por lo que él mismo nos contó haciendo el genograma de su historia familiar): "Perdiste la vida con sólo 3 años, tu muerte generó mucho dolor, nada volvió a ser igual, quizás yo intenté ocupar tu lugar para mamá". Vemos que aquí decir "quizás" es una forma de no dar por hecho algo que él no nos contó. Sin embargo, sabemos que esto pudo ocurrir por la forma en la que coloca las figuras, y por lo que sabemos de las lealtades ciegas que se pueden dar entre hermanos con diferentes destinos.

Ser impecables con las palabras y no decir más de lo que sabemos, o limitarnos a la descripción y no tanto a la interpretación, ayuda al cliente a ir tomando lo que está a la vista como una evidencia innegociable. Y esto le servirá para no identificarse con lo que no le corresponde y con todo "lo que no es él". En este caso, él no es su hermana muerta, ni para la madre ni para el sistema, él no está muerto, aunque por lealtad con la hermana fallecida puede sentir que no merece la vida o que no la disfruta. El efecto de nombrar quién es quién y cuál es el lugar de cada uno en el Sistema Familiar, ayuda a la persona a sentirse incluida y a la vez diferenciada y ubicada.

Interpretar una imagen, a diferencia de describirla, tiene más que ver con mirarla con nuestros filtros morales, intelectuales o de conocimientos y ver en ella lo que queremos o creemos ver, más que lo que nos quiere contar la imagen. Interpretar lo que vemos es muy legítimo y casi imposible no hacerlo. Se trata de preguntarle también al cliente cuál es su interpretación de la imagen y reconocer nosotros la nuestra. En ellas puede haber una información intuitiva y rescatable para el trabajo que estemos haciendo, pero lo que realmente puede ampliar la mirada del asunto que estemos tratando será la descripción con la mayor neutralidad posible de quiénes forman parte, de qué manera pasó, y de cómo lo llevó cada uno de ellos.

Una descripción sin interpretaciones de “lo que pasó” implica hacerla sin carga ni juicios, y de una manera neutra, es decir, limpia de preferencias o valoraciones personales por nuestra parte. Esto será muy inspirador y revelador para la persona.

Puntos básicos para usar los muñecos

Hemos visto anteriormente cómo se desarrolla una sesión con muñecos a través de la imagen que coloca el cliente, las frases que le pedimos que diga y los movimientos que hacemos entre las figuras, para avanzar hacia una imagen de mayor orden y claridad. Podemos apuntar a modo de resumen algunos puntos básicos a la hora de utilizar los muñecos en la sesión individual:

- Disponer de un lugar limpio y amplio para su colocación. Que la visión y perspectiva que tiene el cliente de las figuras sea la misma que la que tiene el facilitador.
- No se juega con ellos, no se usan de manera explicativa, ni son para analizarlos.
- Es importante tener en cuenta que los muñecos no son sólo “nuestros muñecos”, pues representan a miembros del Sistema Familiar o aspectos personales del cliente cuando estamos en la sesión.
- Es necesario saber a quiénes representan los que están sobre la mesa (si son niños o adultos, el sexo y si es posible su historia). También saber quiénes están vivos y quiénes muertos.
- Conviene evitar poner demasiadas figuras en las representaciones, a menos que lo consideremos realmente necesario.
- Es recomendable tener disponibles figuras muy variadas, que permitan representar a diferentes miembros del Sistema Familiar o aspectos muy diversos de la persona.
- Es el cliente quien las elige y él siempre tiene que estar representado con un muñeco en la escena.

- En la sesión trabajamos con la figura que representa al cliente, y es a ella a la que se le pone voz con "las frases" para que se dirija a otros representantes.
- Cada vez que la figura que representa al cliente "habla" a otra figura en la escena, tenemos que encararla con ella y verificar que se "miran".
- No trabajamos con la figura de un niño para representar al cliente. En el caso de que elija para él una figura de un niño, le pediremos que además de esa, saque otra para él de adulto, que es con la que trabajaremos.
- La colocación de los muñecos la hará el cliente de manera intuitiva en el espacio elegido.
- La disposición espacial del presente, pasado y futuro que elijamos en la mesa de trabajo debe mantenerse coherente a lo largo de toda la representación.
- Es el facilitador el que mueve las figuras, observando y preguntando siempre cómo es para el cliente cada vez que lo hace.
- Podemos añadir o retirar algún muñeco a lo largo de la representación, pero avisando antes al cliente y haciéndolo con delicadeza.
- Pediremos al cliente que, si quiere mover alguna figura o dirigirse a alguna de ellas, nos lo comunique, pero que no lo haga él por su cuenta.
- Cuando sea necesario invitaremos a la persona a llevar su atención a las figuras, si vemos que tiende a dejar de hacerlo.
- Propondremos al consultante estar más en silencio si su inercia es a hablar continuamente a lo largo de la sesión, cuando los muñecos están en escena.
- El facilitador tiene que conocer qué le inspiran "sus muñecos", para que eso mismo no interfiera en el trabajo cuando algunos de ellos sean elegidos por el cliente.
- Lo que una figura nos sugiere a nosotros no tiene por qué ser lo mismo que le inspira a otra persona. Conviene preguntar al cliente cómo es para él.

- Evitaremos intentar convencer al cliente de algo que vemos en la representación. Usaremos la imagen para que él perciba lo que tenga que ver sin forzar.
- Como facilitadores, “la técnica del Barrio Sésamo”, ayuda mucho a no caer en interpretaciones.
- Al final de la sesión retiraremos las figuras con delicadeza y lo haremos sólo cuando la persona haya dejado de mirarlas. Si pide hacerlo ella misma, también podrá hacerlo.

5
El facilitador y los muñecos en la sesión individual

Hay muchas claves para realizar un buen trabajo en la sesión individual con muñecos, pero quizás la más importante es la de su principal herramienta: el facilitador. Lo que ayuda al facilitador en una sesión individual va a ser, por supuesto, tener conocimientos, formación, ganas, experiencia y madurez. Y, a la vez, puede no ser suficiente para llegar con el cliente a un lugar bueno para todos los implicados en su asunto (para todos sin excepción).

Estar online

El facilitador es el mediador entre el cliente y lo que este no puede ver. Diría más, el facilitador es el mediador entre el cliente y lo que necesita ser visto en un Sistema Familiar y no se ve, o no fue visto y que, además, el facilitador tampoco ve a veces. Y no se trata de acompañarlo a que lo vea como lo vemos como facilitadores, sino a que el cliente lo vea por sí mismo. Dicho así, parecen las reglas de un juego casi imposible de jugar. Es probable que gracias a sus conocimientos el facilitador tenga alguna hipótesis sobre a qué lugar dirigirse en el trabajo con el cliente. Pero lo que no debería tener tan claro es cómo va a ocurrir, y debería estar abierto a que pueda emerger algo diferente, o algo más que necesite ser visto. Ese no tener tan claro cómo va ocurrir y qué va a ocurrir, genera vértigo y a la vez, es oro puro.

Efectivamente, los muñecos nos desafían sobre la mesa como en un juego donde nada cambiará si no damos con la "tecla" adecuada, y además no seguimos las reglas. Lo más paradójico, fascinante y revelador para mí es sentir desde dónde llega, si llega, esa posible clave para que aquello que necesita ser visto emerja y sume algo diferente a la dinámica de la sesión.

No saber qué hacer ante determinadas situaciones puede suponer una puerta hacia nuevos registros como facilitadores. En esa situación, una parte del cerebro queda disponible a que la información de *¿cuál es el siguiente paso?*, se pueda manifestar desde un lugar diferente al previsible y acostumbrado. Pero que esto ocurra no será tan fácil.

Cuando estamos en una sesión, exponernos al vacío, tocar la sensación de no saber qué hacer en ese momento, nos puede estresar o como mínimo generar inseguridad. El estrés o la inseguridad nos llevan a querer intervenir para dejar de sentirlo, aumentando la bola e interrumpiendo la posibilidad de que las cosas ocurran desde otro lugar. Sabemos que permanecer tranquilos más tiempo en ese sitio desconocido e inquietante que tiene que ver con el no hacer nada, en silencio y con la actitud interna de no abandonar la escena ni al cliente ni por un momento, ayuda a que todo respire, a que algo se relaje, y que eso mismo facilite que lo que se quiera manifestar aparezca.

El "no lo sé" siempre ha sido muy castigado en el colegio, una respuesta que supone una mala nota. En el mundo de los adultos, un "no lo sé" es sinónimo de falta de criterio o de personalidad y está mal visto. De hecho, muchas veces damos respuesta a algo que no sabemos con tal de no parecer tontos. El "no lo sé" se vive como una falta de compromiso o de implicación, cuando en realidad, si somos honestos y estamos más en el momento presente, hay respuestas que sólo conoceremos de manera más realista cuando estemos cerca del evento y podamos chequear mejor la situación. Si somos terapeutas, mediadores o facilitadores, se espera de nosotros que tengamos las respuestas. Nosotros mismos esperamos saber las respuestas, los movimientos y el resultado final. Sin embargo, si esto fuese así, estaríamos dejando fuera todo lo nuevo que se crea en un encuentro. Cuando dos personas se relacionan no sólo lo hacen sus mentes a través de las palabras, también interactúan sus campos de información no visibles.

En una sesión, los muñecos se convierten en representantes de aspectos y miembros del Sistema Familiar y emiten una información que no podemos conocer a priori, porque se manifiesta justo cuando están expuestos en la mesa. Ni antes, ni después. La capacidad de percibir la información que esas figuras emiten pasa por "estar en blanco", y soportar no saber cómo hacer, observando con calma qué emerge dentro de uno mismo, del otro o de los representantes. Esta actitud, que tiene que ver con "no saber" o estar en blanco, facilitaría un "estar online", apartando para ello nuestros conocimientos, opiniones y memorias personales para conectarnos a una red de datos más amplia que se actualiza en todo momento. Un estado en el que lo que importa es permanecer con lo que está ocurriendo en ese momento, receptivos a lo que llega y sosteniendo ese aparente *impasse* del que se quiere salir, a veces demasiado rápido. Para que este "estar online" ocurra, necesitamos mirar desde un cierto vacío. Necesitamos reconciliarnos con él y acompañar a la persona para que también lo habite. Mirar desde ese vacío nos permite apartar por un momento de la persona lo que conozco o creo conocer de ella, y así verla realmente. Sin embargo, es importante señalar que no es necesario mostrar al cliente que no sabemos qué hacer. No se trata de retransmitirle nuestro proceso a lo largo de la sesión con los muñecos, sino de transitarlo y permanecer en calma mientras otras fuentes de información más sutiles o invisibles se manifiestan.

Trabajar con muñecos facilita vivir este proceso de retirarnos de la escena por momentos, mientras la imagen sigue actuando. La atención está puesta en las figuras que siguen emitiendo información por sí solas para todos. Lo que estamos procurando es que los siguientes movimientos con las figuras o las frases que le propongamos decir a la persona, procedan de lo que la propia escena "pide" y no tanto, de lo que la persona quiere o el facilitador cree.

Uno de los mayores regalos que aporta el trabajar como facilitadores desde esta intención de presencia, neutralidad, vacío y silencios es la oportunidad de poder practicarla continuamente e ir llevándola también a la vida cotidiana, permitiéndonos observar qué efectos tiene esta actitud en el otro, en el contexto y en uno mismo. A la vez, he podido comprobar que los clientes que se exponen repetidamente a este trabajo van incorporando también esa actitud de más presencia y neutralidad en su vida. Se trata de que la persona incorpore esa mirada amplia que incluye la humildad de saber que sólo vemos una parte de todo lo que nos ocurre a nosotros o al resto del mundo. Y eso siempre afloja los juicios anticipados y predispone a una mayor aceptación o respeto hacia lo que la vida trae.

En relación con todo esto, hay una frase que me surge decir algunas veces a lo largo del trabajo con los muñecos y el cliente cuando a este se le hace difícil entender algún acontecimiento propio o de otros, y es la de: "Renuncio a intentar entenderlo". Esta frase contiene tanto orden, humildad y a la vez realidad, que normalmente cuando la persona la expresa experimenta un gran alivio y descanso.

Esta misma frase: "Renuncio a intentar entenderlo" es útil también para el facilitador, ya que le predispone a estar más online, conectado a una red de datos más amplia y actualizada y, a la vez, a exponerse a la situación del cliente tal y como es y a trabajar desde ahí.

El GPS y el navegador

GPS significa: Sistema de Posicionamiento Global. Un posicionamiento global para abordar un asunto significaría mirarlo con perspectiva. Eso ya tendría poco que ver con mirarlo sólo desde un punto fijo y único, que suele ser la forma que tiene la persona de plantear sus conflictos. Utilizaré la metáfora del GPS porque resulta muy gráfica y simbólica.

Somos seres multidimensionales, es decir, nuestras experiencias y las situaciones que vivimos están compuestas de diferentes áreas y dimensiones. Perder esto de vista supone una simplificación total de la complejidad que envuelve al ser humano.

Usar nuestro GPS sería poner en práctica nuestra capacidad, cuando tomamos perspectiva suficiente, para ver lo que no se ve en una situación a simple vista. La creencia de que lo real es sólo lo que vemos excluye tantos aspectos de un asunto o conflicto, que estos siempre estarán incompletos y será prácticamente imposible que lo resolvamos o le podamos dar un buen lugar.

El GPS sería un sistema que todos tenemos "de serie", como seres humanos, y no sólo una capacidad que puede desarrollar el facilitador. Nuestro GPS sería ese lugar más amplio en nosotros mismos que "sabe" que hay cosas que no vemos pero que existen y nos afectan a todos. Nos amplía y al mismo tiempo nos facilita dar respuestas más efectivas a una misma situación. Es nuestro sistema de posicionamiento global.

Muchas personas exponen en sus demandas en consulta la continua repetición de rutas de comportamientos, pensamientos y sentimientos que no van a ningún lado o que las llevan siempre al mismo lugar. Este es uno de los efectos que podría tener la desconexión del GPS personal. Esta desconexión del GPS puede ocurrir por muchos motivos. Uno de ellos es que la persona entra en un bucle al intentar pertenecer a su Sistema Familiar a cualquier precio. Por ejemplo, viviendo la vida como ellos, alejándose de su ruta y de su propio GPS. Así es como pierde la posibilidad de tener una mirada más limpia hacia la vida y hacia sí mismo. Esta necesidad de pertenencia a su sistema supone, como sabemos, un acto de amor ciego hacia los ancestros, que han tenido vidas más difíciles, sacrificadas, e inconscientes. Pero ahora ya no toca vivirlo de la misma forma, entre otras cosas porque ya no es necesario para la supervivencia del Clan. Representar con los muñecos las situaciones antiguas y actuales facilita mucho este posicionamiento global para el cliente, que le permite observar desde fuera y ampliar la perspectiva para desvelar todo esto.

El facilitador usaría su GPS para mirar la parte de la historia de la persona que esta no puede ver y que, sin embargo, es importante para entender mejor su conflicto. Lo más interesante es que, en este proceso, el cliente aprenda a activar su propio sistema de posicionamiento global y amplíe su mirada, saliendo así de lealtades innecesarias y de ver culpables en todo lo que no le gusta de lo que le ocurre. En definitiva, se trata de que deje de hacer simplificaciones, a veces injustas, en los conflictos que le suceden a él o a otros.

El trabajo con el genograma, los muñecos y las Constelaciones Familiares nos sirve como herramienta para disponer de un sistema de posicionamiento global y poder abordar el conflicto del cliente desde un lugar más amplio, con perspectiva, e incluyendo además lo que a primera vista no se ve. Si seguimos con esta metáfora del "navegador GPS" y observamos más elementos que lo componen, vemos que este puede tener un altavoz incorporado al sistema, que indica de manera precisa cuando vamos conduciendo, por ejemplo, los cambios de dirección y la ruta idóneos hacia el destino elegido. Este altavoz del navegador señala de forma clara y concreta. Lo más interesante es que mantiene una total neutralidad en su tono de voz y expresión, aunque nos equivoquemos al seguir sus indicaciones en la conducción. Se trata de que el facilitador se inspire en esta manera de hacer las indicaciones sin carga a la hora de dirigirse al cliente. Haciéndolo él, inspira, además, que el cliente aprenda a usar esa manera (de cierta neutralidad) consigo mismo cada vez que pierda "la buena ruta" en su proceso personal y necesite reubicarse.

Los términos que utiliza el navegador cuando hay un error en la ejecución de la dirección de destino marcada son: *¡redirigiendo!*, *¡recalculando!* Esta forma de abordar el error o el desvío en una ruta son de lo más inspiradoras para salir de la culpa o la carga que muchas veces genera, no conseguir llegar a destino, o que las cosas no sean como queremos. Incorporar esta neutralidad en la vida cotidiana es algo interesante, tanto para el facilitador como para el cliente.

De la empatía a la compasión

Cuántas veces hemos escuchado que para hacer un buen trabajo como terapeutas, mediadores o facilitadores tenemos que tener empatía. Es más, la empatía siempre se ha considerado un valor a la hora de relacionarnos con el otro en general. Sin embargo, me gustaría profundizar un poco sobre esto para llegar a un lugar más amplio y que nuestro trabajo como facilitadores sea lo más eficaz y limpio posible.

Si entendemos por empatía la capacidad de comprender y compartir los sentimientos de los demás, la empatía nos permite ver las cosas desde la perspectiva del otro en vez de la nuestra. Hay otra definición parecida que la explica como la participación afectiva de una persona en una realidad ajena a ella. He podido comprobar en muchas ocasiones cómo esta empatía con el otro puede generar más distorsión que ayuda.

Cuando esta empatía nos acerca al sentir de la persona, nos servirá como orientación para saber lo que le importa y le afecta y eso será útil para plantear mejor nuestro trabajo y el ritmo que debemos seguir en ese acompañamiento al otro. Sin embargo, la empatía se puede convertir en una forma de tan potente resonar con el sentir de la persona que provoque que entremos en su esfera personal hasta tal punto que terminemos viendo las cosas que nos cuenta y a las personas a las que les ocurren sólo con sus ojos y no con los nuestros. Así, estaríamos mirando su historia de tal forma que tomaríamos partido por ella, excluyendo aspectos del asunto que trae a consulta que no estamos pudiendo ver. Y esto, realmente, no ayuda.

En el momento en el que sintamos pena por la historia o el destino de la persona, o rechazo por alguna de las partes o personas de las que nos habla en su demanda, posiblemente la empatía ha pasado a ser más una distorsión que un elemento de ayuda.

La intención como facilitadores, en el trabajo con Constelaciones Familiares, es la de trabajar para todo el Sistema Familiar y no sólo para el cliente que viene a consulta. Esto significa que una buena solución para él será también una buena solución para todos. El trabajo como facilitadores en ningún caso va dirigido a generar alguna exclusión, a tomar partido por algo o alguien. Y la empatía mal entendida nos lleva a tomar partido.

Como facilitadores, mirar cualquier asunto de manera amplia e inclusiva implica tener empatía, pero pudiéndonos separar suficientemente del otro como para no perder perspectiva y llegar así más lejos que lo que la persona ha llegado en su intento de resolver su conflicto. Esto supone estar emocionalmente centrados en la sesión ante cualquier asunto que traiga el cliente, por grave o intenso que sea.

La empatía nos acerca emocionalmente a la persona y esto es interesante y a la vez delicado, ya que corremos el riego de que esa emoción nos distraiga de lo que realmente es importante ver en lo que trae el consultante. En muchas ocasiones nos encontraremos con historias y destinos realmente duros de acompañar. Mirar el destino del otro con respeto es uno de los desafíos más complejos y necesarios en el facilitador si quiere hacer un acompañamiento justo y limpio. Es aquí donde me surge ampliar la idea de empatía para llegar más bien a la idea de compasión.

En el budismo la compasión indica una forma de mirar y tratar a todos los seres vivos, ya que toda vida alberga sufrimiento. La compasión budista también significa tener respeto por la dignidad que cada ser vivo merece. Esta definición me conecta especialmente con la idea de no sentirnos superiores a la persona que acompañamos por tener nosotros un destino "mejor". A la vez, me invita a acompañar a la persona en su propia compasión a la hora de mirar el destino difícil de alguno de los suyos. Ver la dignidad que hay en lo que cada uno lleva induce a mirar con respeto y entrar en una mayor aceptación del otro. En la compasión, el alivio de la persona se consigue trabajando en la aceptación y el respeto de las cosas tal y como han sido, e identificando el rechazo o el juicio de "deberían haber sido de otra manera". Esto no excluye la expresión del enfado o el dolor que hay detrás, ni la separación física parcial o definitiva con algunas personas o situaciones.

La compasión es menos emocional que la empatía, tiene menos riesgo de arrastrarnos hacia donde la persona mira, y a la vez la acoge, la respeta, y la acepta tal y como es, con lo que lleva y con lo que llevaron los suyos.

Algunas indicaciones para un acompañamiento útil

- Facilitar implica no interpretar, no forzar y no tomar partido.
- No se trabaja sólo para el cliente sino también para su Sistema Familiar y los que tengan que ver con su asunto. Esto implica que, en la imagen final, todos puedan estar en su lugar.
- Estar centrados emocionalmente ante la emoción del cliente.
- Respetar no sólo al cliente sino también su destino y el de los suyos, por difícil que estos sean.
- Ajustar nuestro ritmo y nuestro vocabulario al del consultante en la medida que eso le sirva para entendernos mejor.

- Estar cómodos en nuestro espacio y con nuestra forma de trabajar.
- Reconocer en la persona y a la persona sus movimientos físicos y emocionales, a lo largo del trabajo, como una forma de transmitirles nuestra conexión y atención. Y ayudarles a que ellos también puedan observar e identificar esos movimientos en sí mismos.
- Usar, en el trabajo con los muñecos, expresiones que el cliente ha dicho en la entrevista inicial y en su demanda. Por ejemplo: "A veces siento que no tengo un lugar propio".
- Valorar su honestidad cuando el cliente reconoce sus límites y su necesidad de trabajarlos y entenderlos.
- Recordarle que todo lo que se hable en la sesión de sus familiares o personas relacionadas con su asunto se hace desde el respeto y sólo para rescatar lo que tenga que ver con ella.
- Tener nuestro Sistema Familiar, como facilitadores, en un buen lugar, tengamos o no relación con sus miembros.
- Saber acompañar al cliente desde el silencio.
- Tener sólo el contacto físico con el cliente con el que nos sintamos cómodos y veamos a la persona cómoda.
- Evitar compartir con el cliente asuntos personales en general.
- Estar atentos a nuestros pensamientos y buscar más bien un "estar en blanco", y estar "online" ante el desarrollo del trabajo con las figuras.
- Estar disponibles interna y externamente a que lo que realmente quiera ser visto se manifieste en el trabajo con los muñecos.
- Estar dispuestos a sorprendernos.

Parte II
Bloque práctico

6

Siete casos prácticos. Reflexiones sobre cada caso

Caso 1: La herida en la biografía

Antonio, un hombre de mediana edad, plantea que su hija de 20 años se va de la casa familiar, se hace independiente y, sin embargo, él conecta con una tristeza muy profunda. "Cada vez que se ha ido de casa por algún motivo lo he pasado muy mal". No puede esconder esta tristeza que le afecta en su relación con su hija y también con su mujer, que lo vive de otra manera.

Isabel ("I" a partir de ahora): ¿Cuando sientes esa tristeza te viene algún pensamiento, alguna sensación o algún temor?

Antonio (A partir de ahora "A"): El dolor de la separación, de la pérdida, es muy intenso. Prescindir de ella es lo que me hace sentir triste. Nadie me advirtió de que iba a ser tan pronto. Mi hija es muy alegre, es la alegría de la casa y una parte fundamental en ella. Cuando ella se va, para mí es un duelo, una pérdida.

Parece que Antonio vive estos cambios con mucha angustia: "ya no va a volver a ser igual para mí". Comparte que llega a tener mareos y sensaciones de sentirse ausente cuando ella se va.

I: ¿Te es familiar sentir esta tristeza tan profunda en tu vida por otros motivos?

A: Sí. Y no siempre ha habido motivos. Es como si fuese un poco conmigo desde siempre. Pero esto que siento con lo de mi hija es más fuerte.

I: ¿Todo esto que sientes te parece normal?
A: Sí. Creo que soy así.
I: Ese es el asunto.

(Pausa)

A: Pero ahora veo que a ella también le puede afectar que yo lo viva de esta manera. Mi hija termina preocupándose por mí. Por eso quiero intentar todo lo que me pueda ayudar a llevarlo de otra forma.
I: Me llega especialmente tu conexión con la tristeza...

A veces Las separaciones significan que las cosas van bien. Saberse separar de los hijos, llegado el momento, es un acto de valentía, de crecimiento y de madurez. Que los hijos se vayan también es un signo de salud y de libertad. Sin embargo, lo que nos ocurre con nuestros vínculos actuales (los hijos en especial y las parejas) nos puede poner en contacto con algo que ocurrió más antiguo y profundo.

Cuando hay alguna pérdida o separación sin procesar en el pasado, es decir; sin haberse podido vivir ese dolor y ese tránsito que implica el dejar ir al otro, puede dificultar otros procesos de separación que se den a lo largo de la vida. Se puede reactivar el dolor de aquella pérdida sin que lo sepamos.

Para una hija tampoco tiene que ser fácil que su padre esté tan triste, roto, cuando ella empieza a hacer su vida.

Se le propone a Antonio mirar a través de las figuras la manera en la que está viviendo esta separación con su hija, explorando con él su historia familiar.

I: ¿Cuántos hermanos sois?
A: Dos, una hermana más pequeña.
I: ¿Alguna pérdida, algún aborto de tu madre?
A: Sí, un aborto.
I: ¿En qué lugar estaba?
A: Detrás de mi hermana.
I: El último. ¿Sabes cómo fue?
A: Involuntario.

I: Bien, ¿tus padres viven?

A: Mi padre no. Murió cuando yo iba a cumplir 6 años.

I: ¿Y qué pasó?

A: Tuvo un accidente laboral. Se quemó, y a partir de las quemaduras murió. Trabajaba como camionero. En aquel momento estaban asfaltando una carretera y se prendió uno de los quemadores que él utilizaba. Las quemaduras que sufrió fueron graves. Duró nueve días. No se pudo hacer nada.

(Pausa)

Nada más empezar aparece esta información tan sobrecogedora, contada por Antonio con bastante distancia y a la vez con muchos detalles.

I: ¿Y murió alguien más?

A: Fue el único que murió.

I: ¿Algo más de esta historia, alguna responsabilidad de algún compañero, de él, de la empresa?

A: No. Fue una avería de unos de los quemadores que derretían el asfalto, saltó una llamarada y se le prendió la ropa. Su uniforme estaba impregnado de alguna sustancia inflamable. Salió corriendo, corría mucho y todos los compañeros salieron detrás para poderle echar encima algo y apagarlo. Pero en ese trayecto corriendo se avivó más la llama, el salir corriendo provocó quemaduras mayores.

(Pausa)

I: ¿Y llegaste a verlo en el hospital? ¿Recuerdas qué te dijeron?

A: No. Yo no fui consciente de su muerte. Acababa de cumplir 6 años, el accidente fue días antes de mi cumpleaños. Veía a la gente llorando, pero no sabía lo que pasaba. Era una situación extraña.

I: ¿No te dijeron "Papá ha tenido un accidente, ha muerto", o algo parecido...?

A: No, no me dijeron nada. Recuerdo que nadie me explicó nada.

(Pausa)

A: Además mi padre fue ingresado en un hospital de Sevilla, mi madre se desplazó y estuvo allí durante todo el tiempo.

No sólo hubo una pérdida del padre, sino también una separación dolorosa y temprana de la madre, mientras ella estaba en el hospital atendiendo a su padre (en aquel momento tenía sólo 6 años).

I: ¿Estuviste en el entierro?

A: No, a los niños nos "quitaron de en medio". Sólo recuerdo que fue un día muy extraño para mí. Escuchaba a todo el mundo llorando, todo el mundo alterado, y un primo un poco más mayor que yo pegando chillidos.

I: ¿Qué edad tenía él?

A: Unos 8 años y medio, pero sabía lo que estaba ocurriendo. Enseguida una mujer desconocida nos llevó a ver la tele.

I: ¿Tienes algún recuerdo de tu padre?

A: Tengo muy pocos, porque al ser camionero pasaba temporadas fuera. En esos 5 años no hubo un día a día con nosotros. Pero cuando llegaba a casa todo cambiaba para mí. Jugaba conmigo. Eso sí lo recuerdo.

I: Bueno, Antonio, creo que podemos parar aquí y mirar a través de los muñecos parte de aquella escena… ¿te parece?

A: Sí. Aunque ya no tengo ningún sentimiento sobre todo aquello. Fue hace tanto tiempo…

I: Te voy a pedir que elijas una figura que te pueda representar a ti, otra que pueda representar a tu padre y otra que te represente a ti de niño con 6 años… ¿tu cumpleaños fue antes o después?

A: Tres días antes de que muriese.

(Va eligiendo las figuras)

I: Las pones encima de la mesa como "ellas (las figuras) te pidan". Es muy intuitivo, no hay una buena o mala manera de hacerlo. Busca también una figura que represente a la tristeza profunda que sientes, y la colocas también.

A: Vale.

Antonio coloca primero la figura que representa a su padre, después pone la figura del niño delante del padre (con los brazos extendidos). La figura que representa al cliente de adulto está mirando en dirección al niño, está un poco inclinada hacia adelante, y tiene un parche en el ojo. La figura de la tristeza profunda aparece vestida de negro y la coloca mirando hacia el niño y hacia la figura que representa al cliente de adulto.

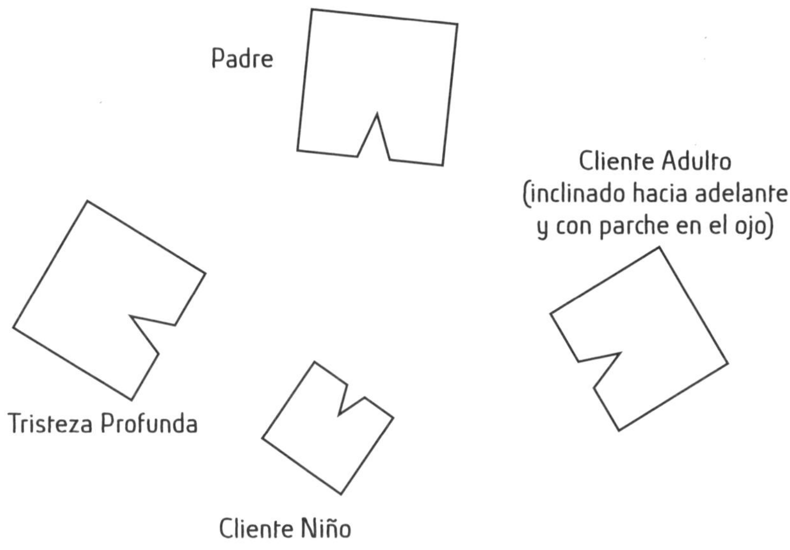

I: Cuando ves esta imagen ¿A dónde se te va la mirada?

A: Se me va hacia la figura del niño. No puedo dejar de mirarlo.

I: ¿Y alguna sensación cuando lo miras? Pon más atención ahora en tu cuerpo Antonio.

A: Una sensación como de soledad, raro, de asombro.

(Pausa)

I: Voy a poner ahora tu figura de adulto delante de la del niño, para que puedan mirarse más de cerca. ¿Mejor así, peor, igual?

A: Mejor. Pero tengo una sensación al mirar al niño como de pobrecillo, de penilla. Pero es mejor así, sí, mi figura de adulto más cerca de él y mirándole.

I: Estás conectando con la tristeza y la pena que te produce el niño, ¿sí?

A: Sí. Así es.

(Pausa)

Aquí podemos ver cómo Antonio empieza a conectar con su dolor de entonces, y su expresión es más seria y profunda de lo que esperaba.

I: Te propongo que a través de tu figura de adulto le digas algo al niño: "Ahora te veo, Veo tu asombro, veo tu tristeza, veo tu dolor, nadie lo vio".

Antonio repite las frases una a una. Y sin poder evitarlo, cierra los ojos y se lleva las manos a la cara, tapándose.

(Pausa)

I: Ahora le cuentas al niño, lo siguiente, Antonio: "Pocos días antes de tu cumple, papá tuvo un accidente trabajando en la carretera, nadie pudo salvarlo, papá perdió la vida, papá murió, por eso todos gritan y lloran".

(Pausa)

I: ¿Cómo estás? ¿cómo vas?

F: Es muy intenso... como si estuviese allí.

(Pausa)

I: ¿Dónde sientes esta intensidad?

F: En el pecho y en la cabeza, como un mareo.

Son interesantes las preguntas que ayuden al cliente a observar y localizar las sensaciones en su cuerpo, y así ayudarle a entrar en contacto con lo emocional.

Es fundamental, saber cómo se está sintiendo el cliente ante esa "nueva" información, especialmente cuando abordamos una escena traumática como ésta. Hacerlo paso a paso, con silencios, avisarle de los movimientos que vamos a hacer con las figuras y preguntarle cómo está después de decir algunas frases, nos ayudará a ir a su ritmo en todo momento. Así le cuidaremos a lo largo de todo el proceso.

I: Antonio, de alguna manera, al niño que fuiste, le está llegando esta información por primera vez.

I: Le dices de nuevo: "Eras muy pequeño, por eso no sabías qué pasaba, nadie te contó nada, fue la manera que tuvieron de intentar protegerte, veo tu enfado y tu tristeza".
"Ya te veo pequeño".

(Pausa)

Antonio repite las frases y acerca espontáneamente su figura de adulto a la de él cuando era niño.

I: ¿Cómo lo sientes? ¿la sensación de mareo es igual, o mayor?

A: Sigue estando todo el rato. El niño tuvo que aprender a hacer todas las cosas sin que nadie le enseñara. Todo cambió después de aquello... (se explica a sí mismo).

Se emociona, llora...

(Pausa)

La emoción que no pudo expresarse en aquel momento se está manifestando ahora. Es un momento importante y delicado. Hay que acompañarlo y esperar a que baje la intensidad para continuar. El reconocimiento del dolor y su expresión es una de las partes más importantes en este trabajo.

I: Antonio, dile al niño también: "Aquello terminó, ahora ya soy mayor y ya me ocupo yo".

(Pausa)

I: ¿Cómo te sientes ahora?".
A: Más aliviado. Más tranquilo.

No podemos olvidar observar el cuerpo y los cambios físicos del cliente, así como su respiración. La postura de Antonio se ha relajado y respira mejor. A la vez, es importante que el facilitador esté en contacto también consigo mismo, con lo que ocurre en su propio cuerpo a lo largo de la sesión, exponiéndose a lo que pasa.

Continuamos hablando a Antonio de todo aquello mientras él sigue mirando al niño:

I: No pudieron informarte, ni pudieron ver tu dolor y tu soledad, ni tu madre, ni tu hermana, ni nadie de los que estaban allí. El niño necesitaba que algún adulto lo hiciese. Eres tú, Antonio, en este momento, quien visita el pasado para hacerlo. De esta forma algo en ti, profundo y antiguo, se puede sentir acogido y abrazado, haciendo de padre de ti mismo.
I: Dile ahora a la figura del niño: "No te pudiste despedir de papá y todavía duele, todavía me asustan las separaciones.
Lo que a mí me pasa ahora ya no tiene nada que ver con lo que pasó allí, aquello terminó, pequeño".

(Silencio)

I: ¿Cómo estás?
A: Mejor. Hay mucho alivio. Estoy procesando lo que pasó. Respiro mejor. No lo esperaba.
I: En este momento podemos bajar los bracitos de la figura del niño, como un gesto de que ya ha sido visto, al fin.

Antonio sonríe al ver este gesto en la figura del niño y sigue mirando, se le puede ver completamente conectado con todo aquello. La figura del niño queda junto al padre.

A: Ahora veo por qué me cuesta tanto despedirme o separarme. También siento un cansancio profundo en este momento.

(Pausa)

I: Las despedidas, las separaciones, estaban para ti muy vinculadas a la muerte, Antonio.

(Silencio)

Ahora la mirada de Antonio se dirige hacia la figura de su padre. Es como si de repente lo pudiera ver.

Se coloca la figura que representa a Antonio de adulto en dirección a la del padre, para representar en la escena lo que está ocurriendo en este momento dentro de Antonio.

I: ¿Cómo ves ahora la figura que representa a tu padre?
A: Siento que mi padre ahora me da fuerza, antes me daba pena y ahora siento la fuerza dentro de mí. Es bonito y curioso.
I: Le dices: "Me dolió mucho perderte tan pronto, todavía me duele".

(Pausa)

Antonio se emociona, llora, respira, sin dejar de mirar la escena.

I: Le sigues diciendo a tu padre: "Papá, ahora tomo la vida y la fuerza que vienen de ti, respeto cómo ha sido para ti, mírame con buenos ojos, papá, si ahora me permito tener una buena relación con mi hija, aunque esté lejos; a la vez, respeto cómo fue para nosotros".

(Pausa)

I: ¿Dónde miras ahora?
A: A la tristeza, veo que está ahí, mirándonos.

Colocamos ahora la figura que le representa a él en la actualidad mirando directamente a la figura que representa la tristeza.

I: Le dices a la figura de la tristeza: "Gracias, gracias a ti ya los veo a todos, ya es suficiente".

Esto permite retirar la figura de la tristeza hacia un lado y más atrás.

(Pausa)

Es interesante poder agradecer a la figura que represente el síntoma, en este caso la tristeza, la función que ha tenido de llevarnos a mirar algo del pasado que quedó sin ser visto.

I: ¿Cómo te sientes ahora?
A: Poco a poco con más calma y claridad.
I: ¿Harías algún movimiento más con la figura que te representa a ti?
A: Le daría la vuelta e iría más adelante (dejando la escena detrás de él).
I: Yo también lo siento así Antonio. Al principio no le hubiésemos podido dar la vuelta hacia delante a tu figura adulta en ningún caso. No podías dejar de mirar la escena.
A: Es verdad.
I: Te propongo que cojas otra figura para ti ahora, la de este momento presente. La figura que elegiste al principio para ti tiene un parche en un ojo, no podía mirar completamente aquello que pasó ahora ya puedes mirar con los dos ojos.

Antonio saca una figura de un hombre joven con los brazos hacia arriba y la coloca delante de todas las demás, dejando la escena atrás y mirando hacia adelante.

I: ¿Cómo es la sensación de los brazos hacia arriba de esta figura?
A: Pues una sensación de disfrute de la vida. De celebrar...
I: Posiblemente tengas muchas celebraciones pendientes (risas).
A: Pues sí, muchos cumpleaños sin celebrar, mi padre tuvo el accidente en vísperas de mi cumpleaños y se acabó la alegría y el celebrarlo.
I: ¿Hasta cuándo?
A: Empecé a celebrar a los 18 años. Un amigo apareció con mi primera tarta de cumpleaños. Fue una sorpresa, pero fue fuera de mi casa.
I: Desde los 6 a los dieciocho ¿Cuántos años van?
A: Doce.
I: ¡Mucho que celebrar!

En este momento se orienta la figura nueva frente a la antigua que quedó detrás para decirle algo.

I: Dile (su figura nueva a la antigua adulta): "Gracias, aquello terminó, ahora me ocupo yo, ahora sí es posible mirar con los dos ojos, lo que duele y vivirlo de otra manera".

(Pausa)

I: Ya podemos dar la vuelta a esta figura nueva para orientarla también hacia adelante, dejando toda la imagen inicial del pasado detrás. ¿Cómo estás?

A: Estoy muy bien, con ganas de celebrar. Aliviado. Y con ganas de ver a mi hija. También algo cansado. Muchas gracias.

Antonio abraza a Isabel, se siente muy agradecido.

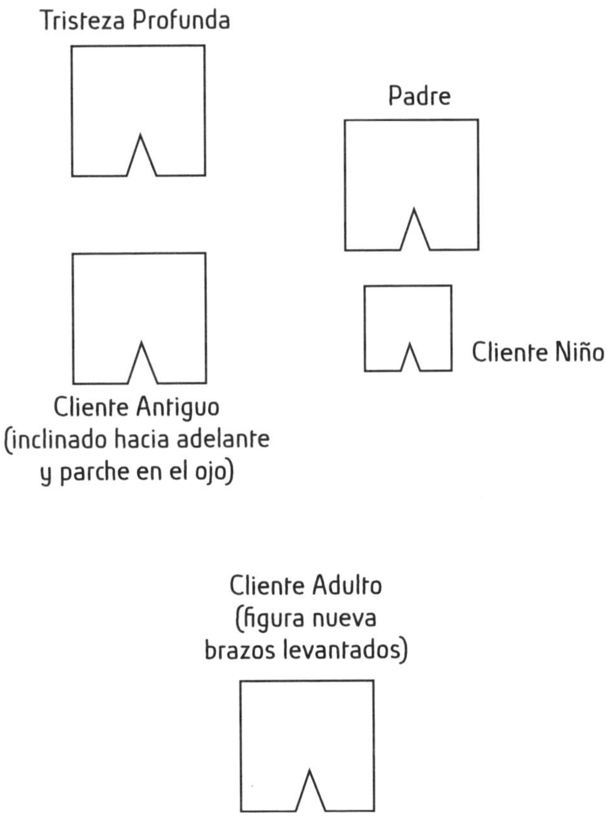

I: Te invito a no analizarlo ni racionalizarlo. Pasaron muchas cosas por el corazón a lo largo del trabajo, desde mucha tristeza a mucha alegría también. Necesitas descansar, saber que si hay un poquito de resaca o mareo es completamente normal. Es importante dejar en paz todo lo visto y ver cómo se va manifestando en la vida para ti a partir de ahora.

Algunas reflexiones sobre el caso

Donde hay un trauma en la infancia es importante actuar. Siempre valoraremos la mejor forma de hacerlo, debido a lo delicado que pueda ser el asunto y el estado de la persona. Trabajar con figuras puede ser un modo de aproximación a la escena, a la vez que permite cierta distancia y perspectiva con lo ocurrido. Se necesita formación previa en el manejo del trauma para abordarlo de la mejor manera, y según el caso puede que el trabajo con figuras y las Constelaciones Familiares no sea la mejor, ni la única.

El trauma no sólo es lo que ocurre, sino también cómo ocurrió para el niño, pues nadie pudo acompañarle como él hubiese necesitado, nadie pudo ver su dolor, ni siquiera informarle de lo que estaba pasando, y es justo ahí dónde se ha centrado el trabajo.

En este caso, no exploramos más información en el genograma con Antonio, aunque en las siguientes sesiones puede ser interesante para ver cómo fueron otras pérdidas en la historia familiar, incluso antes de que él naciera, y así ampliar y profundizar en lo que pueda servirle para vivir de otra manera en la actualidad: las separaciones, las pérdidas o las relaciones con los hijos. Esta exploración sólo la haríamos en el caso de que más adelante el cliente tuviese todavía sensaciones con esta tristeza de fondo que siempre le acompañó.

La prioridad en este trabajo se ha centrado en "atender" al niño que fue el cliente, que quedó en estado de shock ante la pérdida tan violenta e inesperada de su padre, y la inexistencia de una explicación o atención con él respecto a lo ocurrido. El trauma vivido por el niño parece ocupar una parte de la consciencia del adulto que queda mirando atrás, y eso puede ser lo que no le permitía estar completamente en la vida y en el presente.

En este trabajo hemos estado haciendo un movimiento a través de las figuras, desde el presente hacia el pasado, para reconocer y atender a una parte de Antonio (el niño que fue), que quedó sin explicaciones de lo que pasaba. De esta forma, la persona “re-vive” emocionalmente parte de lo que pasó a través de las figuras que representan aquella escena. La nueva manera de mirar aquello, gracias a completar lo que faltó, le ayudará a ir sanando en su interior heridas que seguían actuando en el presente sin que él lo supiera.

En otra sesión puede ser importante explorar con el cliente y las figuras cómo es su relación con la madre (de alguna forma también la perdió a ella). Esto supondrá otro “viaje” diferente a aquella escena. Quizás hay dolor y enfado con ella, y hacerlo también ayuda a seguir sanando todo lo que aquello supuso.

Otro aspecto interesante en el desarrollo de este caso es la función que ha tenido la figura que representaba el síntoma (la tristeza profunda). La elección de esta figura y la forma de Antonio de colocarla (uniendo figuras del presente con las del pasado), ayudó a que él también pudiera ver esa conexión y agradecer así a esa parte, que le ha acompañado siempre, la posibilidad de haber encontrado al niño y a su padre en aquellas circunstancias. De esta forma, parte de la función que pudiera tener este síntoma va perdiendo sentido. Por eso retiramos esta figura hacia atrás.

En la entrevista previa, Antonio nos comenta que la muerte de su padre ya la ha tratado en otras ocasiones en terapia y que no le afecta en el presente, tampoco cree que tenga que ver con lo que le pasa con su hija. Esto no tiene por qué ser motivo para no invitarle a explorar aquello de nuevo. Si hemos sentido fuerza al escuchar su relato, y tenemos además alguna intuición o alguna hipótesis acerca de aquello que le pasó y de la situación actual, será interesante explorarlo.

Trabajar con muñecos en sesión individual nos permite hacer de una manera fácil revisiones o abordajes de asuntos ya tratados por la persona, pudiendo explorar, a veces, lo que para el cliente supuestamente no tiene relación con su malestar.

Caso 2: El enfado de las mujeres con los hombres

Laura es una mujer joven, de 30 años, que vive desde hace poco con su pareja, con la que tiene idea de casarse. Plantea en consulta sus cambios de humor y enfados continuos hacia él cuando ella tiene la sensación de hacer cosas en lo doméstico que él no hace. A ella misma le llaman la atención estos enfados, porque se da cuenta, que son más intensos de lo que cree que correspondería, textualmente dice: "No quiero vivir la misma relación de pareja que he visto en mi madre y en mi padre, no quiero verme igual que mi madre, haciéndolo todo sola".

I: Si te enfada tanto hacerlo ¿por qué crees que lo haces entonces?

L: Tengo miedo a decepcionar. Todos esperan que yo me ocupe y que lo haga bien. Como si debiese brillar haciéndolo.

I: ¿Cómo era la dinámica de tus padres?

L: Mi madre se ocupaba de todo, niños, casa, compra… Todo.

I: ¿Tu padre no hacía nada en casa?

L: Mi padre hacía la comida… Bueno, ahora veo que a lo mejor a mi madre le compensaba algo eso, pero yo no lo veía.

I: ¿Discutían tus padres por eso?

L: No, la verdad que mi madre no se quejaba por eso. Era yo la que decía de niña a mi madre que por qué se tenía que ocupar siempre de poner ella las lavadoras, limpiar la casa… y me enfadaba. Y ahora me enfado cuando me veo igual con mi pareja, y lo hago yo por inercia.

I: ¿Realmente no te apetece, no quieres hacerlo?

L: No, no me gusta. Cuando tengo la sensación de que doy más, me siento como su sirvienta.

I: Eso suena fuerte.

L: Sí, me hierve la sangre el tema de las tareas de la casa.

Hay expresiones que se utilizan a lo largo de la entrevista que nos pueden llamar especialmente la atención. Tienen fuerza, como por ejemplo; "Me siento como su sirvienta". Esta palabra: "sirvienta", evoca un contexto más antiguo. Nos indica esa desproporción en su reacción que ella misma detecta, y que lleva sintiendo desde pequeña. Un enfado que parece que no le corresponde a ella, que puede tener más que ver con algunas mujeres de su Sistema Familiar que sí tuvieron que estar al servicio sin poder elegir. Por ello, puede ser interesante indagar en esa dirección, no con la idea de confirmar esa hipótesis, ya que eso podría quitar "libertad" a la Constelación Familiar cerrando otras posibilidades, sino más bien con la intención de explorar con Laura parte de su linaje femenino.

I: Te propongo que miremos este enfado, y esta necesidad de brillar teniendo que servir, a través de la representación con los muñecos.
Elige una figura que te represente a ti y otra para tu madre.
Cuéntame un poco qué pasó con tu abuela materna.
L: Murió bastante joven, por un cáncer de mama, con menos de 50.
I: ¿Y qué edad tenía tu madre?
L: Mi madre tenía 18 años, y sus hermanos 17, 16, o algo así, adolescentes. Eran más pequeños. Tuvo que dejar los estudios para dedicarse a ellos.
I: ¿Te parece sacar una figura que represente a tu abuela materna y otra para el "tener que estar al servicio"?

Llama la atención que para representar el "tener que estar al servicio" saca una figura de una princesa antigua muy bonita y vistosa; a ella curiosamente le parece que es una "criada" con su uniforme de trabajo.

I: ¿Una criada?
L: Bueno, sí, una criada de clase alta, con brillo. Es como una criada con buena cara, además.
I: Con brillo…
L: Sí, sí, con brillo. Lo hace porque se lo dicen, pero encima con una sonrisa. Impecable todo el día haciendo todas las cosas. Aunque no tenga ganas o no se encuentre bien.

Laura coloca la escena de la siguiente manera: la madre y la abuela detrás de ella, bastante atrás, y la figura que representa el "tener que estar al servicio" al lado de ella, delante.

I: ¿Dónde va tu atención cuando miras la imagen?

L: A mi figura y a la de la criada (refiriéndose a la figura "tener que estar al servicio"). A la abuela y la madre las siento como más lejanas, por eso las he colocado detrás.

I: ¿Y qué sensación tienes?

L: Me doy cuenta de que es la criada, pero de los hombres. Es como si esa parte de mí (hablando de la figura de la criada) se activara sólo en presencia de ellos. Es como si sólo me doliera cuando es al servicio de los hombres.

Vemos que cuando permitimos un tiempo para mirar las figuras, estas pueden seguir ampliando la información que percibe la persona de una forma más concreta, lo que nos sirve para saber por dónde seguir explorando.

I: Parece que ellas dos (refiriéndose a las figuras que la representan a ella y a la criada), miran en una misma dirección. ¿Qué crees que miran? ¿Qué figura pondrías ahí donde ellas miran?

L: Sí, a los hombres.

I: Pues saca una figura que represente a los hombres, que parece que es lo que activa esto de "tener que estar al servicio".

Laura coloca la figura que representa a los hombres sentada delante de ellas y dice: "Míralo, ahí está sentadito mirando lo que yo hago".

L: Esa imagen es con la que me hierve la sangre.

I: ¿Qué ocurrió con los hombres en el sistema?

L: Por parte de mi madre, su padre murió bastante joven y su madre al poco tiempo, por eso mi madre, con 18 años, tuvo que ocuparse de los hermanos (hombres los dos).

I: Vale, ¿Y por parte de tu padre?

L: Sí. Su padre también murió joven, y mi abuela se quedó viuda con muchos hijos, teniendo que dejar algunos en un orfanato, entre ellos a mi padre.
I: ¿Qué le paso al abuelo?
L: Él murió de cirrosis.
I: ¿Qué edad tenía tu padre?
L: Unos ocho años.
I: Tú trabajas con niños, ¿verdad?
L: Sí. Con niños excluidos, con problemas, de Educación Especial.

Es curioso observar cómo, a veces, las profesiones que elegimos pueden tener que ver con asuntos dolorosos no resueltos del Sistema Familiar. Ejercer estas profesiones puede ser una forma (inconsciente) de intentar reparar aquello, en este caso el dolor y la soledad de niños que quedaron huérfanos.

I: ¿Cuántos hijos tenía tu abuela, hasta donde tú sabes?
L: Seis hijos. A mi padre y a otro hermano más mayor los dejó en el orfanato. Mi padre no salió de allí hasta que no fue mayor de edad. El resto de los hermanos trabajaron desde muy pequeños y la única hermana "a cocinar y a limpiar".

En este momento se le invita a sacar una figura para representar a la abuela paterna (la tía paterna también tuvo que ocuparse de los hermanos, pero no se le pide que la saque, para explorar primero sólo con la de la abuela paterna). La pone muy cerca de "la criada", por detrás, mirándolas. Curiosamente, la figura que saca para su abuela está como vencida hacia adelante.

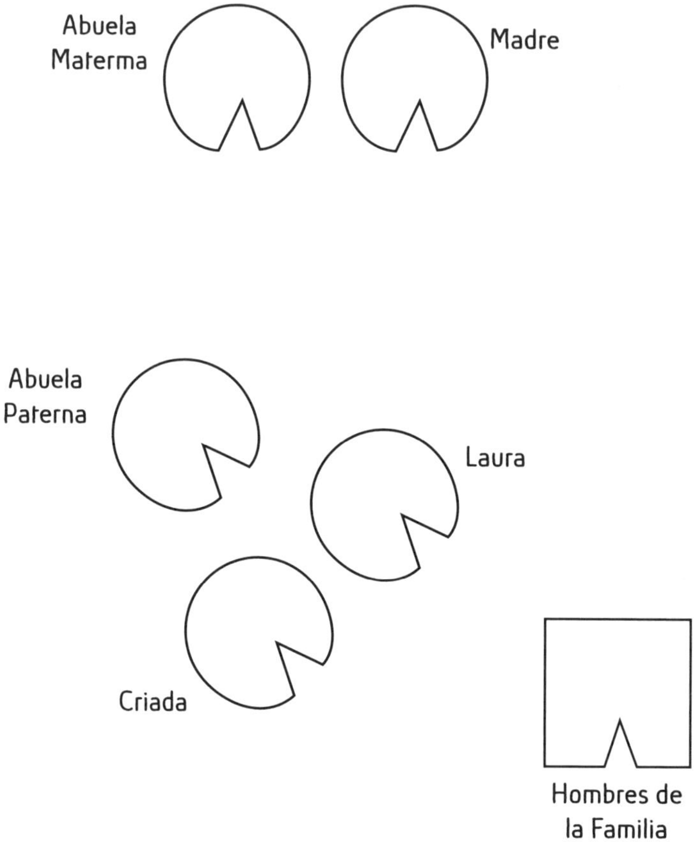

I: Y ahora ¿qué sensación tienes al mirar la imagen?

L: Lo que me llama la atención es ver a mi abuela paterna tan cerca, en ese lugar, no me lo esperaba.

Muchas veces la persona pone la figura en un lugar determinado en la escena y, luego, ella misma se sorprende del lugar en la que la ha colocado.

I: Voy a poner la figura que te representa a ti un poco más separada del resto, mirando esta escena.

(Pausa)

También ocurre que cuando se aparta un poco la figura del cliente para ponerla mirando la escena, esta se muestra de una forma más completa, dándonos en ocasiones la oportunidad de ver algo que puede haber estado oculto. En este caso, el vínculo que aparece entre la figura de la abuela paterna y la figura de la criada.

I: ¿Qué sensación tienes ahora, cuando tu figura está mirando esta escena con algo de distancia?

L: Es como si la abuela fuera...

En ese momento Laura se queda en silencio, se da cuenta de algo y continúa diciendo: "la criada es la imagen que mi abuela daba a la familia (con brillo, sonriente, con esa buena actitud), aunque por dentro estuviera hecha polvo, como se puede ver en su figura".

I: Sí, con buena cara, incluso habiéndose desprendido de sus hijos y sin poder hacer el duelo de su marido, porque los hijos eran pequeños y había que resolver...

Laura se emociona viendo y entendiendo ahora parte de su historia familiar, en concreto de la rama de su padre.

I: Le dices a tu abuela: "Abuela, soy tu nieta y ahora veo tu dolor, perdiste a tu marido muy pronto y tuviste que ocuparte de todo tú sola y con buena cara. No pudiste elegir.
Veo tu enfado, nadie lo vio, y yo sin saberlo lo llevo también. A veces me hierve la sangre".

(Pausa)

"Ahora veo que lo que a mí me pasa no tiene nada que ver con lo que a ti te pasó, en este momento, abuela, lo dejo contigo con todo mi amor y mi respeto".
¿Qué tal al decir esto?

L: Me relajo. Más tranquila, mucho alivio.

I: Ahora te vas a dirigir a la figura que representa a los hombres, en este momento como si le hablases a tu abuelo, y le dices: "Abuelo, soy tu nieta y ahora también respeto lo que a ti te pasó. Perdiste la vida muy joven y ahora también veo tu dolor. No pudiste ayudar, no pudiste hacer nada".

Se coloca ahora la figura de la cliente mirando a la figura de su madre para decirle algo también.

I: Repite conmigo: "Mamá, también veo tu dolor y tu enfado, tuviste que ocuparte de tus hermanos varones siendo muy joven, olvidando tus estudios y tus sueños. Tus padres habían muerto. No pudiste elegir. Ahora dejo contigo este enfado".
¿Qué tal?

L: Muy bien, de nuevo mucho alivio y claridad.

I: Le dices a tu abuela materna, que está al lado de tu madre: "Abuela, yo a veces lo quiero arreglar y hago por ti todo lo que tú no pudiste hacer. Ahora ya no es tan grave no hacerlo, dejo contigo lo tuyo".

L: Eso me ha sentado muy bien decirlo, es como si me hiciese más pequeña, es raro. Pero me gusta.

I: Ahora te diriges de nuevo a la figura que representa a los hombres, pero en este caso como si fueran los hermanos de tu madre y les dices: "También os veo, también veo vuestro dolor, y ahora respeto cómo fue para vosotros y cómo lo hicisteis, era otra época".

I: También imaginas en esa figura de los hombres a tu abuelo materno y le dices: "Abuelo, soy tu nieta, perdiste la vida muy joven y aquello tuvo consecuencias, ahora lo veo y lo respeto, dejo de intentar arreglarlo".
Laura, ahora sigue mirando a esa figura que representa a la vez a todos esos hombres de tu sistema y les dices: "Dejo de buscaros en el presente, dejo de veros en mi pareja, os dejo en paz".
¿Qué tal al decirles esto a los hombres, Laura?

L: Acabo de ver a mi pareja también... y de entender un poco más lo que veía en él. Me da pena y alivio también de verlo ahora más claro. ¡Esto le va a beneficiar a él también!

Aquí vemos cómo nos servimos a lo largo de la Constelación, de la figura que representaba inicialmente a los hombres, para que represente en un caso al abuelo paterno de Laura, y en el otro a los hermanos de la madre y al abuelo materno. A veces ocurre que es el propio cliente el que ve en una figura distintas personas de su sistema, y esto lo aprovechamos para que se pueda dirigir a todas ellas.

Es importante que el facilitador compruebe si para la persona que está trabajando son aceptables estas diferentes representaciones de una misma figura. Esto no se puede forzar.

I: Vuelves a mirar a tu madre y a tu abuela paterna y les dices: "Dejo de juzgar cómo fue para vosotras y cómo lo hicisteis, estoy viva gracias a aquello, ahora yo por mí, ahora es más fácil".
¿Qué tal al decir esto último?

L: Me sentó especialmente bien decirles que dejo de juzgar cómo lo hicieron y cómo lo llevaron ellas.

Es habitual ver el alivio que supone para las mujeres cuando, desde su momento actual y presente, pueden mirar con respeto situaciones pasadas, y cómo fue para otras mujeres, transformando la lealtad hacia ellas (de llevarlo con indignación y enfado, o de querer hacerlo como ellas) para permitirse vivirlo ahora de otra manera.

I: Le dices a la criada: "Ahora veo de dónde vienes, aquello terminó, ahora no hace falta tener que hacer las cosas a la fuerza y con buena cara. Esto termina en mí. Ya es suficiente, gracias".

Ahora se coloca la figura de ella mirando hacia adelante y el resto de las figuras (las abuelas, la criada y la madre) juntas y más atrás. La figura de los hombres también queda atrás.

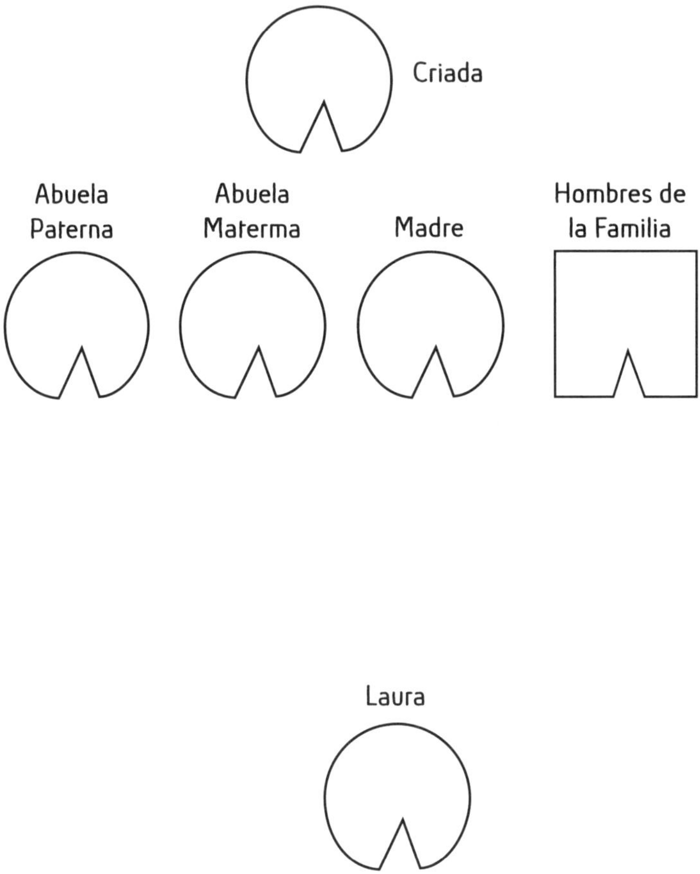

I: ¿Qué tal cuando ves la imagen así?

L: Tranquila y aliviada al ver que es algo que viene de más atrás, y que ahora ya queda realmente con ellas.

I: Parece una buena imagen para poder dejarlo aquí.

L: Sí, muchas gracias. Me empiezo a sentir más libre. ¡Qué alivio!

I: Es interesante que a partir de ahora, si en alguna ocasión vuelves a sentir ese enfado que sentías tan "exagerado", puedas seguir dejándolo allí. Irás observando cómo se va manifestando esto en tu día a día.

Laura:
"Cuando tengo la sensación de que doy más, me siento como una sirvienta, especialmente cuando sirvo a los hombres". "Me siento como una criada que además tiene que poner buena cara, aunque no tenga ganas".

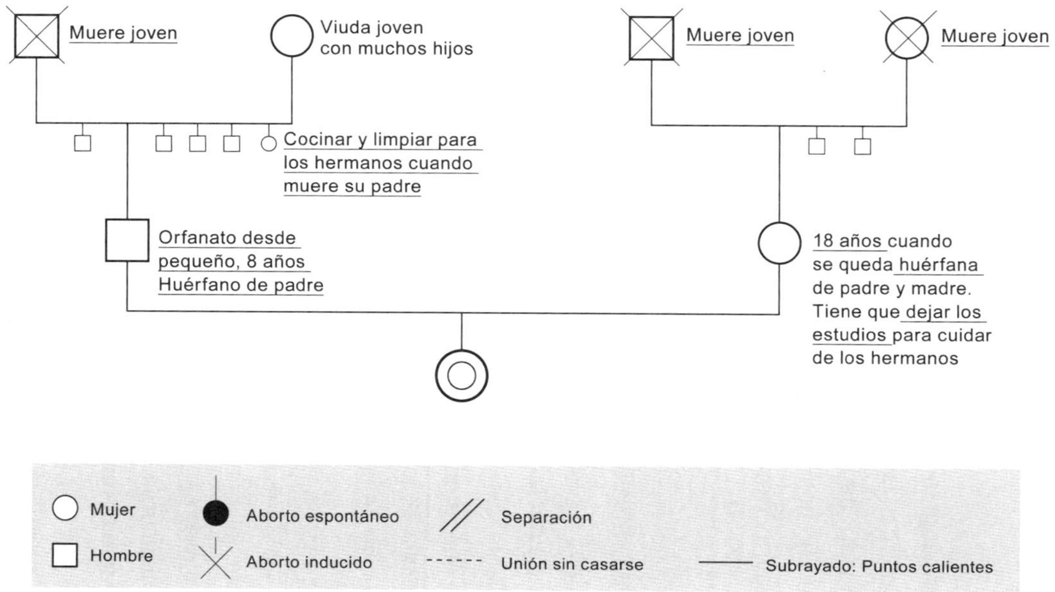

Algunas reflexiones sobre el caso

En la demanda inicial, Laura hace una referencia directa a la relación de pareja de la madre con el padre, y tiene su propia hipótesis de que su malestar puede venir de ahí.

Sin embargo, a lo largo de la exploración de su historia familiar y del trabajo posterior con los muñecos, nos encontramos que el asunto es más antiguo y profundo[1] de lo que ella creía. A pesar de ser un asunto más antiguo que lo ocurrido entre sus padres, puede estar, paradójicamente, más vinculado con Laura. Y es eso lo que se decide trabajar para actualizarlo.

En este caso, vimos que la lealtad con la abuela paterna era más intensa y directa que la que pudo haber tenido con su propia madre, que a la vez también se explora y se incluye.

La actitud de exploración de la demanda debería ser lo más amplia posible por parte del facilitador, y no quedarse sólo con la visión o el "pedido" inicial del cliente. Es muy legítimo que la persona venga con su forma de entender lo que le ocurre y su propia hipótesis de solución, pero el desafío será ir más allá de lo que esta puede ver, ampliándose así su entendimiento y la resolución de su propio conflicto.

En este caso, en la demanda inicial nos encontramos con un tema relacionado con el equilibrio entre el dar y el recibir en la pareja. La cliente cree que el equilibrio en la pareja se va a dar sólo si se igualan en las actividades cotidianas. Sin embargo, "llevar la cuenta" puede traer consecuencias. Especialmente cuando, como ella decía, su enfado y reproches estaban desproporcionados en su realidad.

1. Si vamos más atrás en el genograma, normalmente nos encontramos con que las situaciones de nuestros ancestros eran más complejas; había aspectos excluidos en la vida (la locura, la homosexualidad, asuntos dolorosos de una guerra...), también menos consciencia y quizás menos oportunidad para procesar el dolor. Era otra época... Lo interesante es que, en este caso con Laura, surge la información del pasado y se "actualiza" en relación con la situación que ella está viviendo en el presente, para que lo pueda vivir ahora de otra manera.

Realmente, la sensación de compensación en una pareja no sería tanto que las dos partes hagan por igual como que cada uno haga de manera natural lo que quiera, pueda y sepa, sin hacer cuentas. Eligiendo cada uno lo que se le da mejor y valorándolo en el otro. Al final, se trata de tener una sensación personal (que no tiene tanto que ver con lo que haga el otro, sino con un sentir interno) de que la relación está equilibrada.

El otro no es sólo "un igual", también es diferente; si tratamos al otro sólo como a "un igual", nos podemos perder su aporte a la relación.

La lealtad que Laura, a lo largo del trabajo, sintió con su abuela paterna y con las otras mujeres, nos ha permitido explorar que el asunto era más antiguo de lo que parecía. Finalmente es con ellas donde ha podido dejar el enfado y el dolor que siente ante determinadas situaciones (que cree llevar sola). Esto no sólo será bueno para ella y su relación, sino que también, de alguna manera, lo será para las mujeres que tuvieron que vivir todo aquello.

Respetando cómo fue para ellas, dejará de llevarlo por ellas.

Este trabajo con Laura es sólo un ejemplo de la respuesta de rechazo y enfado actual de muchas mujeres hacia los hombres, en relación con las labores domésticas o con su lugar en el mundo. Sin embargo, puede tener más que ver con estar llevando el dolor y la carga de las mujeres anteriores que con sus situaciones actuales. Llevar este enfado no sólo no ayuda a las mujeres de antes, sino que tampoco ayuda a las de ahora. Tener esa actitud reactiva pretende reparar lo que pasó y cómo pasó, sin embargo, lo que se consigue, es darle más fuerza. Al no respetar todo tal y como fue, se consigue justo lo contrario, se perpetúa.

Se trata de ver la dignidad de aquellas mujeres que vivieron lo que tuvieron que vivir en su época, sin juzgarlo, y no olvidar que estamos vivos gracias a cómo lo hicieron.

Lo mejor que podemos hacer por ellas es estar en el presente libres de aquello.

Caso 3: Enfermedad, identidad y lealtad

Amparo, mujer de unos 50 años, fue diagnosticada de cáncer de mama hace unos tres años. Aunque en las revisiones todo ha ido bien, cuenta que continuamente siente miedo a una mala noticia con relación a su salud, que surja otro problema en otra zona de su cuerpo, muestra mucho miedo a tener otra vez cáncer.

I: ¿Cómo te dieron la noticia del cáncer, hace 3 años?

Amparo (A): En cuanto el médico me palpó, lo vi en su cara y supe que era cáncer. Sólo de verle la cara. La palabra cáncer no se dijo. Luego la médico especialista es la que me lo confirmó. Fue peor cuando no tenía nombre.

I: ¿Qué es lo que quieres explorar en este trabajo?

A: Me pregunto por qué yo no puedo estar tranquila, aunque me den buenas noticias. ¿Por qué estoy buscándome algo malo todo el tiempo en mi cuerpo? Es como si no confiase en que algo bueno pueda sucederme, aunque ya me he curado de algo muy grave. Ese miedo se lleva toda mi energía. Estoy "hiperalerta" con mi cuerpo.

I: Hay una parte de esto que es muy legítima. El "susto" con la enfermedad está ahí, pero quizás podamos explorar algo más en relación a esta intranquilidad y desconfianza de la que hablas.

Te voy a pedir que busques una figura que te represente a ti ahora; otra para ti en el pasado (en el momento que estabas con el médico y vives el "susto" de la noticia de la enfermedad) y otra que represente al médico.

Amparo elige una figura de una mujer mayor, antigua, con un delantal marrón, para ella hace tres años. Para la figura de ella en la actualidad una mujer joven, y para el médico, una figura masculina de blanco.

Coloca en la mesa la figura de la mujer joven (ella en la actualidad) delante de la figura de la mujer antigua (ella hace tres años cuando le dan la noticia de la enfermedad), muy junta la una de la otra, y la del médico cerca de la figura joven, mirándola.

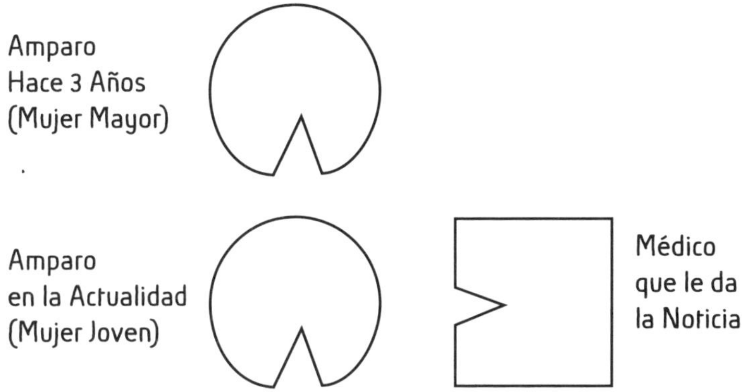

I: ¿Qué sensación tienes cuando miras la imagen?

A: Me agobia que el médico esté tan cerca de mí.

I: Lo que me llama la atención es que, curiosamente, el médico está mirando a la figura que te representa a ti en la actualidad y no a la antigua, que es a la que le dio aquella noticia, hace tres años. Es como si todavía hoy lo tuvieras delante.
Otra figura que me llama mucho la atención es la figura que te representa a ti hace 3 años. A pesar de ser más joven, es más mayor y antigua, como si perteneciera al ámbito doméstico y a otra generación.

A: La he elegido porque hace tres años yo estaba sumamente esclavizada, dedicada a las tareas domésticas, muy de cuidadora… Soy consciente y he elegido esa figura por ello.

I: Hay un cambio importante entonces para ti, entre esa figura antigua que nombras como esclavizada y doméstica, y la figura de ahora, que se ve más actual…

A: El cáncer me hizo cuestionarme en qué condiciones vivía, tenía mucha sobrecarga. Vino a ponerme delante por qué tengo yo que estar tan esclavizada.

I: Hay un cambio importante entre la figura de detrás y la de delante.
Voy a hacer un movimiento para actualizar la imagen tal y como has contado (se mueve la figura del médico para dirigirse a la de "Amparo del pasado" que está detrás). Fue allí detrás donde ocurrió el "susto".
¿Qué sensación hay con este movimiento?

A: La sensación es de calma, esto forma parte del pasado, y verlo me recuerda que es así. Quiero dejarlo atrás, ya pasó.

I: Voy a poner tu figura actual mirando hacia atrás, un poco más retirada y mirando hacia la escena de la figura antigua y el médico.
¿Qué tal ahora cuando miras ahí?

Amparo se queda en silencio mirando la escena y empieza a emocionarse.

A: Al ver esta escena *(la figura de ella en el pasado y el medico al lado mirándola),* siento que me he identificado mucho con mi madre. Mi madre fue la verdadera "esclava" de la familia, y vivió así toda su vida. Ahora me doy cuenta.

I: Es decir, que al mirar a la figura que te representa a ti en el pasado ¿es como si vieras a tu madre también?

A: Sí, así es.

(Silencio)

Estamos explorando una escena en la que Amparo aparece en el pasado, cuando recibió el "susto" del médico al decirle que tenía cáncer, hace 3 años. Y, de manera inesperada, empieza a ver en la figura de su "yo pasado" a su madre. A lo largo de una representación con figuras, esto puede ocurrir para sorpresa de todos. Necesitamos mantenernos receptivos y abiertos a estas posibilidades para poder percibir lo que el campo de información del Sistema Familiar de Amparo, en este caso, nos quiere mostrar. Está emergiendo una información más amplia y antigua de la que vimos en la escena inicial. Lo que ocurre en una Constelación Familiar siempre es más grande que nosotros.

I: Ah… Vale, ves a tu madre… ¿Te da pena, tristeza, alegría?

(Largo silencio)

A: Miro la figura que me representa a mí hace tres años y veo a mi madre, mi madre… todo el tiempo.

I: ¿Y qué ves en ella?

A: Mi madre murió de cáncer y con ella no se pudo hacer nada, no hubo opción, no hubo cura, todo fue muy rápido. Todavía era joven.

(Silencio)

En este momento vemos que hay una posible lealtad con su madre, que puede tener que ver con que Amparo salió del cáncer hace 3 años y su madre no tuvo esa opción. La lealtad sería no permitirse ella curarse o sentirse a salvo, aunque tenga motivos suficientes para hacerlo.

I: ¿Cuánto tiempo hace?
A: Yo tenía 25 años y ahora tengo 49, y para mí fue como si fuese ayer.
I: ¿Es como si al ver tu figura (del pasado) estuvieras viendo a tu madre todo el rato?
A: Sí. Me veo a mí y a mi madre a la vez.
I: Vale, voy a usar la figura que te representa a ti en la actualidad para que le digas algo a la figura que te representa a ti en el pasado.
Le dices: "Fue tu manera de ser leal con mamá, el sacrificio, la renuncia, y al final la enfermedad".
¿Qué sensación hay al decir esto, si hay alguna?
A: Que sí, que es eso. Me emociona verlo, hasta qué punto lo he vivido...
I: ¿Te suena esto del sacrificio y la renuncia?
A: Si, sí. En mi madre totalmente, y en mí también antes.
I: Ahora le dices a tu madre, que también está representada en la figura del pasado:
"Mamá, yo como tú, llevándolo igual, no me permito sentirme a salvo. Ahora lo empiezo ver.
Mamá, empiezo a respetar lo que a ti te pasó y cómo te pasó".

Silencio. Le cuesta hablar, no puede articular la última frase. Se emociona.

A: No puedo decirlo.
I: Es que no lo puedes respetar, ¿verdad?
A: No, no lo respeto, me duele, no fue justo.

I: Le dices: "Mamá, me dolió mucho perderte tan pronto, me cuesta mucho respetar como fue todo, todavía me duele".

Silencio. Se emociona, pero esta frase sí puede decirla.

I: Quizás por eso está tan presente tu madre aquí, parece que está esperando que le dejes algo.
"Mamá, ahora respeto cómo fue tu vida y tu muerte, es más grande que yo y más grande que tú.
Dejo de juzgarlo, dejo de intentar arreglarlo, lo dejo en paz".

I: ¿Qué tal al decir todo esto?

A: No, no siento que la deje en paz.

I: Ya, eso parece, Amparo. Por eso te hago esta propuesta, para ver cómo te sientes al decirlo... y así ver en qué lugar de este duelo te encuentras. Ves que no la puedes dejar en paz, y que "la llevas contigo", hay incluso una parte de ti, que se confunde con ella. Ni ella está donde necesita estar, ni tú estás donde necesitas estar. Al tener tanta pena y tantos sentimientos de injusticia con lo que pasó, parece que queremos más a los nuestros, y en realidad no dejamos descansar en paz todo lo ocurrido. Sería liberador para las dos poder decir: "Mamá, respeto tu vida tal y como ha sido hasta el final, aquello terminó, respeto cómo ha sido para nosotras, ya es suficiente, te libero de mí".

A: Hay una parte en mí que no quiere soltarla todavía.

La dificultad de Amparo en avanzar hacia un lugar diferente, en su forma de vivir el duelo de su madre (muerta hace casi 25 años), nos está indicando que, en este caso, con las frases propuestas no es suficiente y que podría ser un buen momento para cerrar el trabajo y dejarlo ahí. El hecho de que Amparo perciba esta dificultad, y parte de las consecuencias y de la confusión que le genera permanecer en esa posición, ya podría suponer para ella un buen trabajo. En este caso, a lo largo de la sesión se entra en diálogo con Amparo para identificar sus creencias, sus dificultades y su lealtad, más de lo que se suele hacer en una Constelación Familiar con muñecos, para avanzar de una manera progresiva y más racional para ella. Hacerlo así dependerá de la predisposición y necesidad del cliente, de la experiencia del facilitador y de su estilo de trabajo.

A: ¿Cómo se hace eso de deja ir?

I: Bueno, lo estás haciendo poco a poco, Amparo. Se trata de ir experimentando que el hecho de "dejarla ir" es un acto de amor más grande que retenerla a través del sentimiento de que lo que le pasó no fue justo. Ella está ya en tu corazón.

A: Es verdad, siempre está en mi cabeza, y pienso continuamente que aquello no fue justo. Estoy agotada...

I: Puedo imaginar a tu madre deseando que dejes con ella cómo fue para ella y deseando también que tú ahora lo puedas vivir distinto.
Puedes decirle: "Mamá, como tú no te pudiste curar, por lealtad a ti no me permito estar tranquila y tomar la salud, y eso no te sirve ni a ti ni a mí, ahora lo veo".

Amparo empieza a respirar de forma más fluida y profunda. Se le pide que lleve su atención de nuevo a las figuras.

I: Prueba a decirle ahora: "Mamá, tú eres tú y yo soy yo. Mi forma de honrarte ahora es llevarlo de otra manera, no tiene nada que ver lo que a mí me pasa con lo que a ti te pasó.
Mamá, ahora te dejo ir en paz. Y tomo la vida en tu nombre también. Lo que a ti te pasó no tuvo cura, pero lo mío sí la tuvo. Y ahora lo tomo".

(Silencio)

Amparo puede decir estas frases muy conectada con la escena.

I: ¿Qué sensación hay ahora?

A: Cuando he dicho que tomo la vida también en su nombre, sí lo he sentido con fuerza por primera vez.

I: Parece que una parte de ti empieza a entender que una forma de ser leal y honrarla ahora es tomando la vida en su nombre.

El hecho de estar explorando con Amparo algunas de sus creencias y de saber dónde está su mayor dificultad, nos está permitiendo en este caso saber qué frases pueden estar más en sintonía con lo que ella necesita expresar, para que la lealtad actual con su madre se transforme en una lealtad más vinculada a la vida que a la muerte.

I: “Respeto cómo ha sido tu vida de principio a fin. Es más grande que yo y es tu vida, estás en mi corazón, te dejo ir en paz”.
¿Cómo te vas sintiendo?

A: Mejor ahora, lo puedo decir sin sentirme mal. Es un alivio.

Aquí vemos cómo lo mismo dicho de otras formas y en momentos distintos puede tener un efecto que anteriormente no tuvo. Respetar los ritmos de cada persona y ajustarse a ellos y a sus necesidades convierte cada trabajo en algo único.

I: Claro, poco a poco, es difícil sentirte sana si llevas la enfermedad como si fueses ella... Esperando que te digan que no hay solución y que vas a morir en cualquier momento, como tu madre. Tu forma actualizada de honrarla ahora es tomando la vida completamente. La otra es la manera antigua de hacerlo. Qué alivio sería para tu madre ver que puedes vivir sin estar en el sacrificio y en la enfermedad como ella... deseando que esto acabe en ti. Ahora ya no hay necesidad de vivirlo igual.
Voy a poner la figura que te representa a ti en el pasado y que también representa a tu madre, al lado de la figura que está delante, que te representa a ti en el presente ¿Qué te parece cuando ves a esa figura a tu lado ahora?

A: Quítala, quítala de ahí mejor.

El hecho de que Amparo pida alejar la figura del pasado, que antes necesitaba que estuviera cerca, nos está indicando que está haciendo un proceso de ampliación tomando todo lo ocurrido tal y como fue, y esto es muy buena noticia.

Cuando ella dice "quítala de ahí" parece estar dándose cuenta de que tenerla al lado, tan cerca y tan presente, hace que siga mirando la vida con los mismos ojos que las de atrás (ella hace 3 años y su madre).

I: Amparo, ¿te parece sacar una figura que te represente a ti hace tres años, cuando caíste enferma, y que la que elegiste al principio para ti pueda seguir representando a tu madre?

A: Me parece bien, en realidad es a mi madre a quien veo cada vez que miro esa figura.

Amparo elige una figura de una chica joven, un poco inclinada hacia delante (como con un peso sobre sus hombros), y la pone entre la figura de la madre (que queda detrás) y la de ella en la actualidad, que permanece delante mirando al frente.

I: Amparo, voy a darle la vuelta a la figura que te representa en el presente para que puedas decirle a esta representante nueva, que eres tú en el pasado: "Llevarlo como mamá ha sido tu forma de ser leal con ella, y ya es suficiente", le dices también: "Gracias, ahora se puede ser leal llevándolo de otra manera. ¡Ahora elijo la vida!".
Le dices a la figura que queda detrás y que representa a tu madre: "Gracias mamá, es suficiente, ahora me permito la vida en tu nombre y te dejo ir en paz".

(Silencio)

Amparo está tranquila mirando atentamente las figuras que quedan colocadas en fila, una detrás de otra. La madre permanece detrás del todo, su yo de hace tres años en medio y su representante actual delante, mirando hacia delante. La figura que representa al médico queda entre la madre y su yo pasado, a un lado. Entre todas las figuras hay distancia.

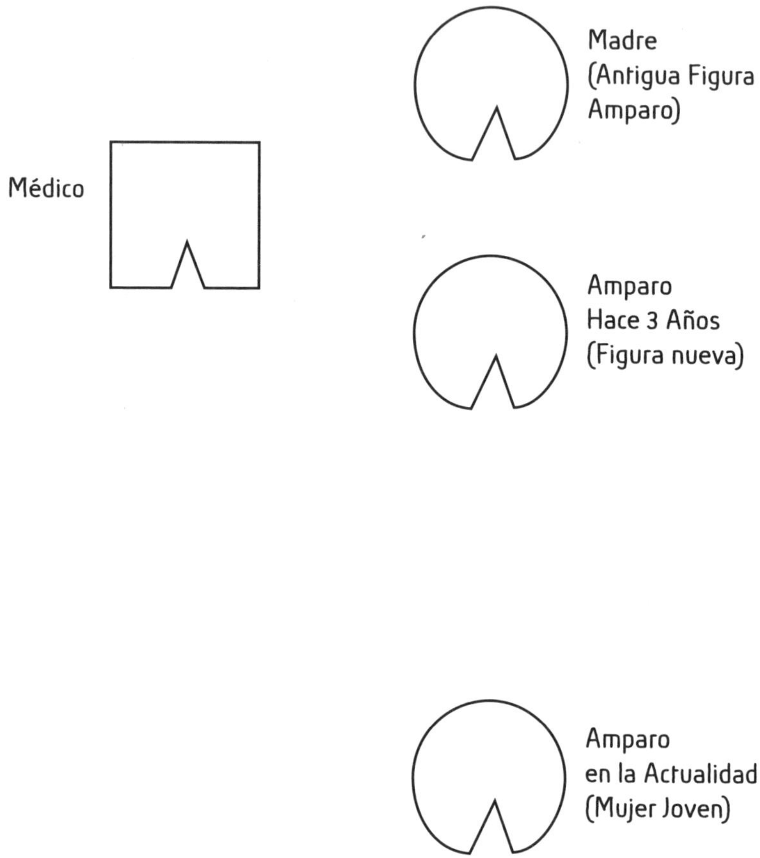

I: Qué te parece la imagen ahora, ¿cómo estás?

A: Estoy sorprendentemente tranquila. No puedo dejar de mirar la escena... Cuando digo en voz alta, mirando a la figura que representa a mi madre, que me permito la vida en su nombre, siento fuerza, entender que tomar la vida es otra forma de honrarla me gusta. A lo largo del proceso con las figuras he sentido culpabilidad y me ha surgido una pregunta: ¿por qué las mujeres de antes se morían más y las de ahora tenemos más posibilidad de sobrevivir a un cáncer? Siento culpa porque yo sí he sobrevivido al cáncer de mama y mi madre no.

I: Ahí es justo donde estamos mirando con este trabajo, Amparo. Una parte de ti ha sido leal con tu madre y con otras mujeres, al no tomar la posibilidad de curarte completamente, y eso no ayuda a nadie. ¡Actualízate! Permitirte la posibilidad de curarte es otra forma de ser leal ahora con todas. Quizás las mujeres anteriores a nosotras lo único que "esperan" es que las respetemos y que la forma de honrarlas no sea hacerlo igual. Tampoco necesitan que luchemos por ellas. Si lo vemos al revés, sería como si "las de atrás" no pudieran descansar en paz por los desafíos que a nosotras nos toca vivir.
¿Cómo estás con todo esto?

A: Muy bien. Me quedo en especial con una palabra que me llega con fuerza de algo que me has dicho, ¡actualízate! He visto que es muy antigua mi forma de llevar mi dolor, mi amor, y siento que no le sirve a nadie.

I: ¿Qué te parece si lo dejamos aquí, con esta imagen donde miras hacia adelante eligiendo la vida, como esa nueva manera de honrar todo lo ocurrido?

A: Sí, ahora puedo mirar la imagen sin esa culpa de estar delante, y sin el médico al lado, siento permiso para hacerlo. Me siento liberada, y a mi madre la siento tranquila. ¡Estoy muy bien! ¡Muchas gracias!

Esto sólo es el principio de un trabajo que queda ahora en manos de Amparo y que incluye posibles revisiones más adelante.

Algunas reflexiones sobre el caso

El factor sorpresa, con las figuras, para el facilitador y/o el cliente

En este caso, vemos la importancia de estar dispuestos como facilitadores a apartar cualquier hipótesis que tuviésemos a priori, para dar espacio a lo que realmente necesita ser visto.

Desde el principio de la sesión, emerge una información importante a través de las figuras que nos va llevando a un lugar cada vez más profundo. La propuesta fue pedirle a Amparo que sacara una figura para ella (tres años atrás, cuando recibió la noticia del cáncer), para explorar sus sentimientos hacia aquel momento y, quizás, poderle decir a esta representante del pasado: "El susto quedó allí y todo ha ido bien", como una forma de actualizar esa información desde el presente.

La sorpresa ha sido que, al elegir ella una figura para sí misma en el pasado, saca una con un aspecto muy antiguo, sabiendo que en el pasado era justamente más joven. Fue a través de esta figura como, inesperadamente, vio a su madre representada con mucha claridad, permitiéndole esto empezar a ver su lealtad hacia ella. Por ello es interesante describir y explorar con el cliente, desde el principio, las figuras que elige y por qué las elige, especialmente cuando alguna de ellas llama la atención.

Cuando el cliente siente asombro al mirar lo que él mismo ha elegido y colocado en la mesa, significa que está ocurriendo algo inesperado también dentro de él. La sorpresa indica una forma nueva de ver una parte de su historia que quizás estaba cristalizada, "fijada" en la persona. En el momento en el que surge la sorpresa, en este caso ver a su madre en la figura que la representaba a ella en el pasado cuando enfermó, se rompe la manera que Amparo tiene de mirar su propia historia... que a la vez podía estar perpetuando. Por ello, el facilitador debe preguntar a la persona cómo se siente al ver la imagen. Esto también ayudará a saber dónde está el cliente internamente y así nos podremos plantear hacia dónde dar el siguiente paso.

¿Se hubiese podido sacar desde el principio otra figura para representar a la madre, cuando ella la ve en la escena?

Sí, pero en este caso se mantiene la figura que representa a Amparo en el pasado casi hasta el final, con la idea de que pueda experimentar hasta qué punto la identificación que tenía con su madre era tan intensa que podía ver a la madre en ella al mismo tiempo. Esa imagen le ha permitido explorar cómo esa identificación con la madre le influye en la forma de llevar la enfermedad como aquella, es decir, mirando a la muerte[2].

---

2. Este es el efecto revelador que puede llegar a tener el cliente sólo con mirar las figuras. De ahí la importancia de generar espacios de silencio y dar tiempo entre un movimiento y otro, ya que el cliente está en muchas ocasiones percibiendo algo más grande.

Sin embargo, en la imagen final sí que ha sido interesante incluir una figura para ella en aquella época, con la idea de que pueda finalmente diferenciar una figura de otra y una experiencia de otra.

¿Qué diferencia puede haber entre una identificación y una lealtad?

Una identificación es cuando la persona se confunde con la otra, hasta el punto de no saber cuál es su vida y cuál es la de la otra. Una lealtad puede tener más que ver con estar llevando, repitiendo o reparando algo más concreto de la vida de alguno de los nuestros. Podríamos decir que la identificación es más intensa y más confusa que la lealtad, y que la identificación incluye la lealtad.

Se puede ver a través de las figuras una identificación, cuando la persona elige para ella una figura que tiene más que ver con la otra persona que con ella misma, como en este caso. O cuando las coloca completamente pegadas la una a la otra, a veces incluso con los mismos colores o ropas similares, lo que hace difícil diferenciarlas. Además, suele ocurrir que cuando se le hace ver esta coincidencia, a la persona le resuena y le moviliza hasta el punto de sentirse confusa o extraña. Esto significa que empieza a ampliarse la información que tiene a cerca del asunto. Y ese es el principio de una desidentificación.

¿Qué ocurre cuando se le propone a la persona repetir unas frases a lo largo del trabajo y al decirlas no las siente o incluso le producen angustia o culpa?

En principio, podemos no haber acertado con la frase. Quizás estemos pidiendo demasiado a la persona y esta necesite algo más progresivo para poder asimilar lo que estemos trabajando. En este caso, ella podía reconocer su dolor, pero no podía aceptar lo que pasó tal y cómo pasó (la muerte de su madre). Para ella, respetar aquello significaba separarse de su madre, y a la vez dejar de serle leal.

Lo primero sería no forzar, no luchar y no convencer al otro. No se trata de eso.

Lo que ha ayudado en esta Constelación, y lo que la hace diferente a otras, ha sido el acompañamiento con más paradas y explicaciones a Amparo (no obstante, hacerlo de esta manera forma parte del estilo y la comodidad del facilitador)[3]. En este caso, también se ha puesto en evidencia a través del diálogo la manera antigua y a la vez legítima de honrar a los muertos, sin poder aceptar cómo ha sido para ellos. Y es ahí donde se ha acompañado a Amparo conversando, para que pudiera hacer una "actualización" hacia una nueva forma de honrar a su madre y a otras mujeres en sus destinos.

Respetar los límites, las necesidades y el ritmo de la persona es fundamental para poder seguir avanzando en cada trabajo.

Que el facilitador conozca las dinámicas que puedan haber detrás de una lealtad también ayuda a saber cuál podría ser una frase adecuada. En este caso, una de ellas era que Amparo no podía aceptar lo que pasó como una forma de amar a su madre. Esta forma de amor ciego contempla la creencia de que dejar ir al otro y mirar hacia la vida es una traición. Una forma antigua y cultural de honrar a los que se van ha sido "morirse en vida" con ellos. Se veía y se sigue viendo mal en ocasiones que la persona que ha tenido una pérdida esté feliz, se divierta, encuentre una nueva pareja, o incluso se sienta sana; en definitiva, que mire a la vida. Esa era la lealtad de Amparo, no permitírsela.

¿Cómo se actualiza una lealtad?

La nueva manera que tiene Amparo de ser leal con su madre tiene que ver con entender que aceptar las cosas tal y como han sido y dejarla ir es también un acto de amor hacia ella. Esto sería una "actualización" en la forma de amar y de honrar a su madre, que paradójicamente puede parecer opuesta. Aceptar lo que ha sido es una forma de amar muy profunda.

3. Las explicaciones, o la repetición de algunas frases extras, no tienen por qué quitarle fuerza a la Constelación Familiar si van dirigidas al mismo lugar de dificultad de distintas maneras. Como, por ejemplo, reconocer el dolor expresándolo con diferentes frases, o usar alguna explicación puntual para entender un poco más cómo funciona una lealtad. El hecho de estar trabajando con figuras en sesión individual, en lugar de en grupo con representantes, facilita entrar en estas explicaciones más fácilmente.

Amparo también siente culpa por tener la posibilidad de curarse cuando su madre y otras mujeres no pudieron. Esto significa para ella no darse permiso para sanarse del todo, porque eso sería trasgredir o traicionar el amor a su madre y a las mujeres que no pudieron.

La "actualización" de esta lealtad tiene que ver con el hecho de que Amparo descubra que puede ser leal y amorosa con todas ellas de otra manera. En este caso, permitiendo sanarse. Esto se traduce en que ya no les sería fiel llevando la vida que ellas llevaron, sino más bien tomando la vida y la salud completamente también en el nombre de ellas.

Por esto Amparo consigue entender y sentir la frase "Eso ni os ayuda a vosotras ni me ayuda a mi" (refiriéndose a su manera antigua de ser leal, al no permitirse sentirse sana).

Si el facilitador no conoce otra forma de honrar a los suyos, y no ha hecho parte de su camino personal, no podrá acompañar a otros más allá del lugar en el que está. El facilitador también tiene que estar actualizado.

¿Cuándo acaba la Constelación?

Es a través de la imagen final con las figuras cuando podemos explorar si la persona se siente conforme o no en su nuevo lugar con respecto a todos. En este caso, al dejar tras de sí la escena de lo ocurrido y permitirse a la vez, a través de su figura actual, mirar hacia adelante, ese puede ser el final de la Constelación Familiar.

Sin embargo, si la persona se siente incómoda al mirar esta última escena, nos indicará que aún no puede verse ahí. Y esto nos informa de por dónde dar el siguiente paso para ayudarla a avanzar, o dónde, por el momento, sería bueno dejarlo estar, respetando y confiando en que la imagen también seguirá haciendo su trabajo en la persona. Este sería también otro posible final.

En cualquier caso, el facilitador debe respetar y no negar lo que la persona está sintiendo, e incluso darle la razón utilizando frases como "Entiendo lo difícil que es para ti, veo tu dolor, veo tu dificultad...".

Caso 4: Dificultades con el trabajo y el dinero

Marta, mujer de mediana edad, plantea el tema del dinero y su relación con él. Siente cierta parálisis a la hora de hacer el movimiento de salir a buscar trabajo y conseguir su propio dinero. También tiene una sensación de escasez continua.

Isabel: ¿Qué te gustaría ver, Marta?

Marta: Me gustaría ver mi relación con el dinero y el trabajo. No siento el impulso de salir a buscarme la vida, ver por dónde conseguir ese dinero o ese trabajo... siento inmovilización y retraimiento.

I: ¿Sientes miedo por algo?

M: Es miedo a salir al exterior a buscarlo, no sé, es como una inseguridad inespecífica. Tampoco he conseguido ahorrar, guardar. Siempre hay una sensación de escasez en mi vida.

I: ¿Cómo es tu relación con el dinero?

M: No es equilibrada, a veces hay mucho, pero se acaba rápido, y cuando no hay me paralizo.

I: ¿Te paralizas? Esa palabra suena bastante fuerte.

M: Sí, así lo siento.

I: ¿Y cuándo dejas de estar paralizada?

M: Cuando vuelve a entrar dinero.

I: ¿Pero vuelve a entrar porque trabajas?

M: Cuando más veces me ha entrado el dinero ha sido por herencia, no por trabajo.

I: ¿Ah si? ¿Cuándo te ha llegado no ha sido porque te hayas activado?

M: No. Ha sido porque me ha llegado una herencia, varias incluso. Lo suficiente como para poder estar sin preocuparme al menos una temporada, pero se va rápido, no sé gestionarlo.

(Pausa)

M: Demasiada angustia y miedo a la hora de gestionarlo también.

I: ¿Y la angustia cómo es? ¿Qué es lo que más te asusta de lo que podría pasar?

M: Bueno, me han llegado a surgir pensamientos como: "No tengo a dónde ir", y no es verdad, no sé de dónde ha salido este pensamiento. También que podría verme "muy tirada", cuando no es verdad. Y todo eso hace que, curiosamente, lo gaste antes y lo gaste mal.

I: Me gustaría preguntarte sobre tu historia familiar en relación a este tema. ¿Vale? ¿Cuántos hermanos sois?

M: Tres. Un hermano mayor, una hermana después, y yo la pequeña.

I: ¿Y tu padre a qué se dedica?

M: Mi padre era contable, trabajaba en un banco. Aparte tenía trabajos extras y llevaba contabilidades, de una farmacia, de una imprenta...

I: ¿Tu padre vive?

M: No. Murió hace tres años.

I: ¿Él siempre trabajó?

M: Sí, fue un gran trabajador.

I: ¿Y este trabajo del banco lo consiguió él, le venía de atrás? ¿Siempre tuvo otros trabajos?

M: Lo consiguió él, entró de cajero y llegó a lo que sería hoy director de sucursal. Pero la sensación que había en casa era que el sueldo no era suficiente. Los trabajos extras eran por eso, y por intentar llevar mejor vida.

I: ¿Y pasasteis alguna vez algún tipo de problema económico?

M: En realidad no. El que tuvo más problemas en eso fue mi abuelo, el padre de mi padre.

I: ¿Y a él qué le pasó?

M: El padre de mi abuelo murió pronto. La historia es que los hermanos mayores de mi abuelo emigraron a México a buscar trabajo y dinero. Le propusieron a mi abuelo irse también porque allí había más trabajo. Él se fue, pero en una de sus vueltas a Madrid, conoció a mi abuela y decidió quedarse en España.

I: ¿Y los otros se quedaron allí?

M: Sí, sus hermanos quedaron allí. Y su hermana pequeña en Tetuán.

I: México está muy lejos, y más en aquella época. Muchas veces ni siquiera volvían a verse, y no había tan buena comunicación como ahora.

M: Sí... Sus hermanos se quedaron en México, hicieron su vida allí y no se volvieron a ver nunca más.

(Pausa)

I: ¿Puede que tú tengas familia en México?

M: Sí, tengo familia en México. Mi hermana ha rescatado el contacto, pero mi padre no llegó a tenerlo.

(Silencio)

I: ¿Algo más de tu abuelo?

M: Mis abuelos tuvieron que irse de Madrid, no había trabajo, empezó la guerra, y se fueron a Tetuán a vivir, cuando Tetuán era del protectorado español. Se fueron a Tetuán porque la hermana de mi abuelo le dijo que le podía ayudar. Su hermana estaba allí viviendo con un señor que era el director de un banco, les iba muy bien. Y cuando llegaron parece que mi abuelo se tuvo que buscar la vida porque la hermana al final no les ayudó, les acogieron en su casa, pero también tuvo que pagar por ello un dinero. Parece que la hermana no se portó muy bien con él. No cumplió lo que dijo. Mi abuelo lo pasó mal, pasaba de un trabajo a otro porque los perdía. Mi abuela contaba que estuvieron viviendo un mes a base de patatas.

I: ¿Tus abuelos fueron para Tetuán con hijos?

M: Sí, pero sólo con el primero que era mi padre.

I: ¿Y se sabe que pasó para no ayudarles?

M: Parece ser que el marido de la hermana no le quiso meter en el banco por los comentarios que pudiera originar y se tuvo que buscar la vida pasando periodos de escasez total.

I: ¿Él era contable también, como lo fue después tu padre?

M: Sí. Y ahora que me doy cuenta, mi padre llegó a ser director de sucursal de banco, y el marido de mi tía abuela fue director del banco donde mi abuelo no pudo trabajar.

I: ¿Y algo más en relación a tu abuelo? ¿Llegaron a tener una casa propia que tú sepas?

M: Mi abuelo no, nunca la pudo tener. Mi padre sí.

I: Bueno, ahora vamos a explorar, representando con las figuras, esta parte de tu historia familiar y la relación que pueda tener con lo que a ti te pasa ahora.
Te voy a pedir que saques una figura que te represente a ti, una figura que represente a tu abuelo y otras dos para sus hermanos mayores (los que se fueron a México). Los colocas intuitivamente, como tú lo sientas, en esta mesa.

(Va colocando los muñecos)

La primera figura que coloca Marta es la que la representa a ella. Justo detrás de ella, a cierta distancia, los dos hermanos del abuelo (mirando hacia delante, hacia donde está ella). La figura del abuelo la pone separada de los hermanos y más cerca de ella, mirándola.

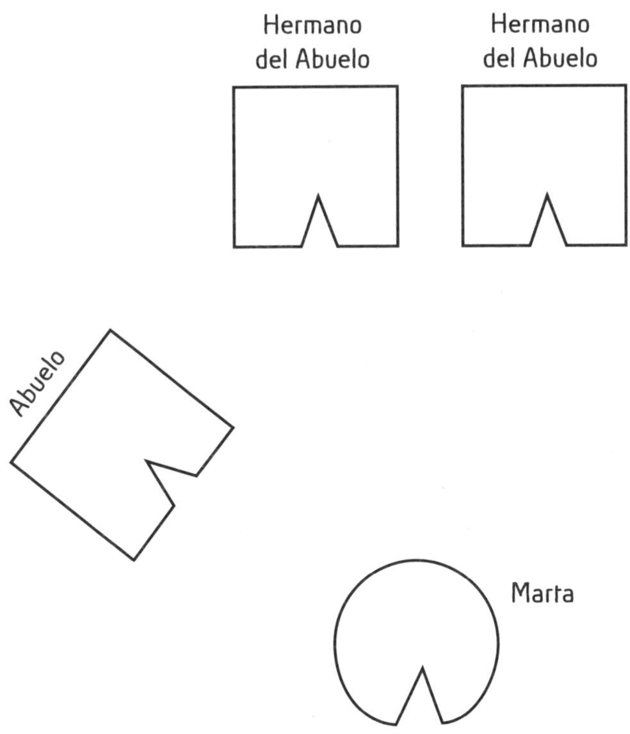

I: ¿Alguna sensación cuando miras la imagen Marta?

M: Me siento muy tensa, porque veo que me está mirando mi abuelo. Lo veo como enfadado.

I: ¿Ah, si?

M: Sí. No sé por qué. Yo no lo conocí.

Se puede ver que Marta, nada más ver la escena, conecta emocionalmente con alguna información que le llega de esta figura del abuelo. Esto nos da una pista de por dónde seguir explorando, ya que cuando hay una conexión emocional con alguna de las figuras significa que hay algo que mirar con ella.

M: La sensación es como si me estuvieran regañando.

I: ¿Cómo ves a la figura que te representa a ti?

M: Yo siento que mi figura no se puede mover, la veo como si estuviese superclavada ahí.

I: ¿Y cómo te sientes con eso?

M: Rígida.

I: Me surge la palabra que usaste cuando hablamos al empezar la sesión: paralizada.

M: Es verdad, es esa sensación de tener espacio para moverme hacia adelante, pero estar paralizada. Es muy incómodo.

Vemos cómo Marta está conectando muy bien con la imagen representada, teniendo sensaciones a través de la escena con las figuras. Esto nos muestra la capacidad que tienen las figuras de emitir una información única para la persona. Por ello, siempre hay que ser muy cuidadosos a la hora de tocarlas, moverlas o dirigirnos a ellas.

I: Vale Marta, ahora voy a girar la figura que te representa a ti para ponerla mirando a tu abuelo.

I: ¿Qué tal ahora?

M: Mi sensación es mejor. La tensión ha disminuido, es como si él me quisiera decir algo, y al darme la vuelta ya me lo pudiera decir.

I: Sí, está más a la vista vuestro vínculo, y está más cerca la posibilidad de que surja la información que necesita salir entre vosotros.

Muchas veces, cuando se pone en contacto a la figura del cliente con aquello que teme, el efecto suele ser que la tensión disminuye, y esto tiene que ver con que empieza a salir a la luz lo que estaba oculto. Mirar lo que tememos, incluso sin saberlo, trae calma.

I: Primero dile a tu abuelo: "Abuelo, soy tu nieta". Y luego le cuentas lo siguiente, repite conmigo:
"Cuando eras muy joven te fuiste con tus hermanos a México buscando trabajo y dinero y os separasteis de la familia… Tú volviste a España y te quedaste, y no volviste a ver a tus hermanos nunca más".

(Pausa)

I: Y dile también: "Salir a buscar trabajo y dinero tuvo consecuencias graves para la familia.
Yo todavía lo intento arreglar. Y cada vez que quiero salir a buscar trabajo, me paralizo y no salgo. Así, no volverá a haber consecuencias. Ahora veo de dónde viene esto".

(Pausa)

Marta se emociona al decir esto.

I: ¿Qué tal ahora?
M: Mejor, mucho mejor… Lo empiezo a ver, es muy fuerte, inesperado. Me alivia decirlo.

(Pausa)

Vemos cómo el hecho de decir en voz alta a la figura que representa al abuelo algunas frases relacionadas con lo que ocurrió en el pasado, puede llegar a tener este efecto tan profundo y liberador.

I: ¿Marta, tú sabes cómo les fue a ellos? (Señalando a los tíos abuelos).
M: Les fue bien, vivieron muy bien. Hicieron fortuna.
I: ¿Mejor que a tu abuelo?
M: Sí, mucho mejor. Mi abuelo tuvo una gran escasez, incluso llegó a no tener para comer.

I: Y ahora le sigues diciendo a tu abuelo; "Abuelo, yo por lealtad contigo y sin saberlo, a veces también siento que vivo en la escasez, que no tengo a dónde ir, y que estoy muy tirada. (Palabras que ella misma utilizó en la entrevista inicial, para referirse a su situación, y que luego volvió a usar al hablar de la historia del abuelo).

(Pausa)

"Ahora veo que fue a ti a quién le pasó eso, y que no tiene nada que ver con lo que me pasa ahora a mí".

(Pausa)

I: Y le sigues diciendo: "Aquello terminó, abuelo, ahora lo dejo contigo con amor y respeto, esto termina en mí".

(Silencio)

"Respeto cómo fue para ti con tus hermanos y cómo lo llevaste tú. Mírame con buenos ojos si yo sí lo consigo ahora, y te soy leal de otra manera. Aquello terminó".

Marta respira profundamente. A medida que repite las frases se aprecia cómo se relaja todo su cuerpo. Lo que nos indica que las frases están siendo adecuadas para ella.

I: ¿Cómo te sientes después de decir esto?
M: Ya no siento el enfado de mi abuelo, estoy más tranquila y me siento más centrada, puedo respirar mejor.

(Pausa)

I: Ahora voy a poner tu figura en contacto con las de tus tíos abuelos, y les dices lo siguiente: "Fuisteis vosotros los que al salir a buscar trabajo y dinero no volvisteis a ver a la familia y vuestro país nunca más".

(Pausa)

"Tener dinero y salir a buscarlo tuvo consecuencias dolorosas, y ahora lo veo. Aquello terminó. Lo respeto ahora, tal y como fue para vosotros. Ahora, salir a buscar trabajo y dinero ya no tiene nada que ver con aquello. Ahora es más fácil".

Marta vuelve a respirar profundamente.

I: ¿Qué tal ahora?
M: Uy, muy aliviada, siento más claridad en mí. Nunca me hubiese imaginado que lo que me pasa tuviese relación con ellos. Es como si hasta ahora no hubiesen existido para mí. Ahora me gusta mirarlos.

(Pausa)

I: Saca una figura ahora para la hermana de tu abuelo, con la que sentías ese enfado por no haberlo ayudado. A ella le fue bien económicamente, ¿no?
M: Sí, a ella le fue muy bien.

La figura que saca Marta es una mujer con collares, muy bien vestida, como con mucho poder y la pone detrás de ella separada del abuelo, más cerca de los tíos abuelos.

I: ¿Qué tal al introducir esta figura?

Siempre que introducimos una figura nueva es importante preguntar a la persona cómo se siente con ello.

M: Siento enfado hacia ella y también el de ella hacia mí.
I: Primero le vas a decir a tu abuelo (se pone la figura de ella mirando al abuelo): "Abuelo, este enfado que yo siento lo dejo contigo, en ti sí lo entiendo. Lo que pasó entre vosotros lo dejo con vosotros".
Ahora le dices a la hermana de tu abuelo (se pone la figura de Marta mirándola):
"Lo que pasó entre tu hermano y tú es más grande que yo, ahora lo dejo con vosotros. No tuvo que ser fácil. Mírame con buenos ojos si ahora a mí también me va bien".

(Pausa)

Marta echa su cuerpo hacia atrás, emocionada, respira profundo apoyada en el respaldo del asiento.

I: ¿Qué tal al decirles esto?

M: Mucho mejor. Ya no siento el enfado ni la tensión. Algo en mí se ha relajado. Siento más fuerza ahora, una fuerza que viene de atrás (refiriéndose a la escena).

En la imagen final colocamos la figura que representa a Marta, mirando hacia adelante, el resto de la escena detrás (los hermanos juntos), a cierta distancia de ella.

I: Les dices a todos: "Gracias por todo", "Ahora yo por mí".

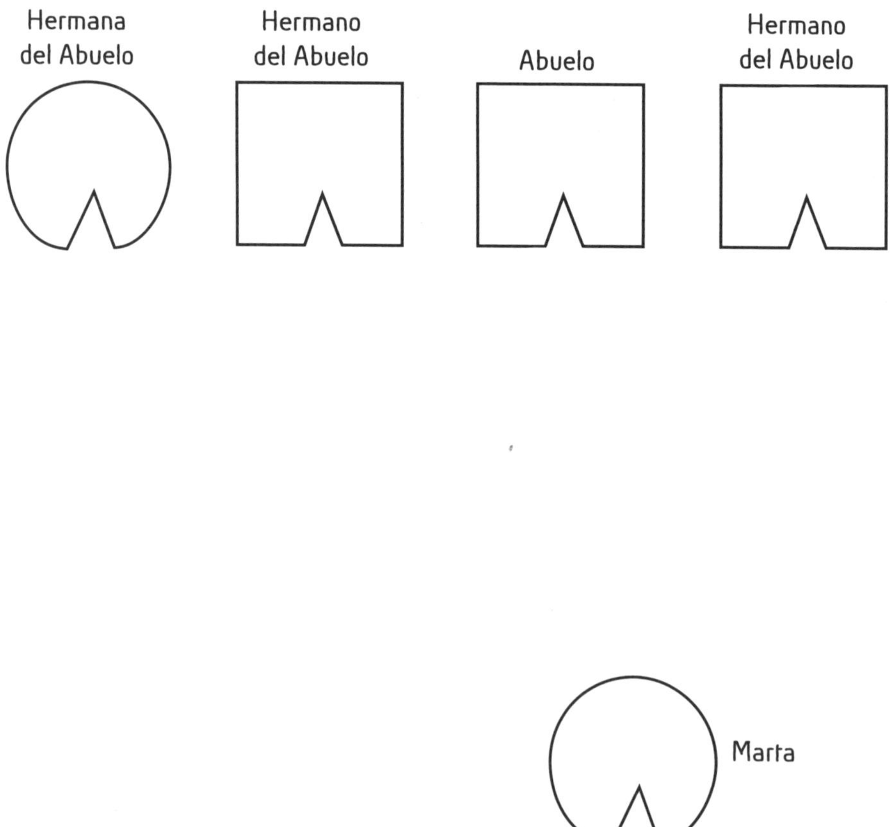

Marta:
Dinero y trabajo. “No siento el impulso de salir a buscarme la vida”.
Inmovilizada, paralizada. Miedo a salir a buscar el dinero. Sensación de escasez.

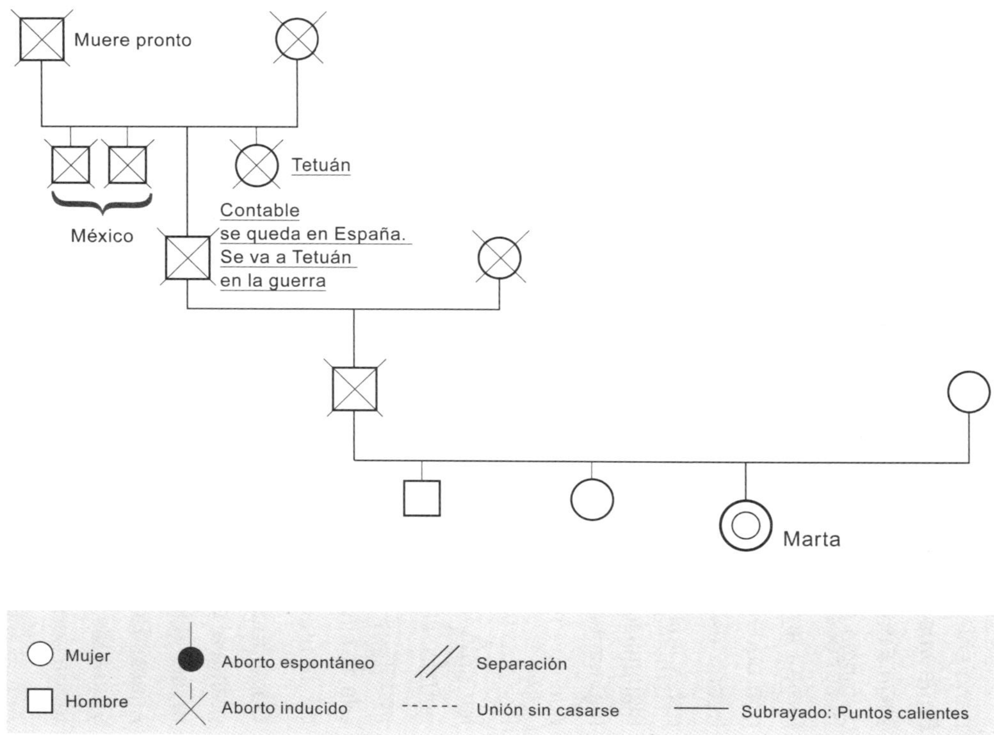

Algunas reflexiones sobre el caso

Al preguntar a Marta cómo se siente con la figura que representa a su abuelo, nos dice que siente su enfado hacia ella. Esto nos indica que había algo pendiente entre ellos que ni ella misma sabía antes de colocar las figuras. Esto vuelve a ocurrir al ponerla delante de la figura que representa a su tía abuela de Tetuán.

Si conocemos cómo funcionan las lealtades con algunas personas del Sistema Familiar, sabremos que se puede estar "llevando algo", relacionado con aquello que les pasó a ellos, como una forma inconsciente e inútil de honrarles. En el trabajo con Marta se han puesto en evidencia algunas de estas lealtades relacionadas con su demanda. Cada vez que ella les decía algunas frases dejando con ellos sus experiencias, sus sensaciones al decirlas nos confirmaban la relación existente entre lo que a ella le pasaba y lo que ocurrió en el pasado.

Por otro lado, a diferencia de los representantes en una Constelación Familiar grupal, en la sesión individual no podemos preguntarle, por ejemplo al abuelo, cómo se siente después de oír una frase que Marta le dice; pero sí podemos saber cómo se siente ella después de decirla. En este caso, que ella se sintiera aliviada nos indica que esas frases están en sintonía, actuando de una buena manera para Marta y su Sistema Familiar.

Como facilitadores, la pregunta que nos podemos hacer al realizar el genograma al principio de la sesión, sabiendo el síntoma que trae Marta a consulta, es: ¿Quién del Sistema Familiar pudo sentir las emociones que ella tiene ahora? Por ejemplo, es legítimo que el abuelo sintiera escasez en su vida y que los hermanos del abuelo experimentasen que salir a buscar trabajo tenga consecuencias dolorosas para todo el Sistema Familiar.

Actualizar en Marta la información antigua del Sistema Familiar se traduciría en las siguientes frases: "Me permito salir a buscar trabajo sin tantas consecuencias y sigo perteneciendo". También, "Abuelo, mírame con buenos ojos si ahora no vivo en la escasez y sigo formando parte del clan. Respeto cómo fue para vosotros".

El facilitador, a lo largo de la sesión, puede tener la intuición de añadir una figura más a la escena para ampliar el trabajo que se está haciendo. Por ejemplo, en este caso se ha sacado después una figura que representaba a la tía abuela, porque podía tener que ver con uno de los asuntos que traía la clienta a consulta. Marta tiene dificultades para permitirse cierta abundancia. Y vimos en la entrevista que siente rechazo por esa mujer, porque no ayudó al hermano (su abuelo) cuando llegó a Tetuán. El hecho de que Marta "deje" con su tía y su abuelo lo que pasó entre ellos, sin juzgarla más, le ayudará a sentirse con más permiso de ser abundante, como lo fue su tía abuela.

Esta nueva figura la puede elegir el cliente, pero en algunos casos el facilitador puede decidir incluirla él para evitar que el cliente se distraiga o se desconecte de la vivencia que esté teniendo en ese momento.

Para el padre de Marta, el trabajo y el dinero fueron motivo de dificultades y esfuerzo y vivió con sensación de escasez, aunque tuviera dos trabajos y nunca les faltara realmente nada. Quizás fue también su forma de ser leal a su propio padre (el abuelo de Marta). Sin embargo, no se ha sacado una figura para representar al padre, y el trabajo se ha centrado en la generación anterior, donde la situación fue más extrema y menos reconocida.

Esta forma de enfocar el trabajo con Marta no excluye otras maneras de hacerlo y otros motivos que también puedan tener que ver con el asunto de su demanda.

Un buen resultado, después de esta sesión, sería que Marta viviese el movimiento hacia la búsqueda del trabajo con más confianza, ya que lo que cree que le puede ocurrir ahora no tiene nada que ver con lo que ocurrió más atrás.

Pasado algún tiempo después de este trabajo, Marta compartió en otra sesión el sentido que tuvo para ella darse cuenta de otro mensaje subyacente de su historia familiar, que "el amor y el dinero no van juntos", o que "hay que pagar un precio muy alto para permitirse el amor". Eso fue lo que le pasó a su abuelo al quedarse en España y elegir el amor. Al decidirlo, dejó de ver para siempre a sus hermanos y no consiguió que le fuese bien económicamente. A Marta, otro de los asuntos que se le repiten en su vida es que con las parejas que ha tenido casi siempre ha pagado un precio muy alto por permanecer en la relación, teniendo que renunciar a algo propio importante.

El hacerse más consciente de esta parte de la historia familiar, tiene que ver con respetar y dejar con su abuelo cómo fue para él; y separar lo que a ella le pasa con las parejas en la actualidad de lo que le pasó a su abuelo. Después de todo, Marta está viva gracias a cómo ocurrió todo.

Caso 5: Guerra Civil y lealtades

Aurora, mujer de 42 años, trae a consulta la inestabilidad emocional y los límites que siente por ello, desde que se recuerda en su vida. Intuye que pueda estar relacionado con la historia de su nombre. Cíclicamente entra en lo que ella llama "bajones existenciales".

Isabel: Aurora, ¿cuál es el tema?

Aurora: Me gustaría investigar sobre la historia de mi nombre, llevo años aburrida, cansada, como que no avanzo, y no sé si tiene alguna relación con eso...

I: ¿Y qué sabes sobre esto?

A: De "chiquitilla" mi madre me decía "Acabarás como tus tías". Me llamo Aurora por una tía, que se suicidó, y por mi abuela paterna que murió, muy joven. Y eso ha sido muy fuerte para mí.

I: ¿Y esta sensación de no avance te resulta familiar?

A: Sí, me siento incapaz de crear algo con pilares estables, es algo que me acompaña en mi vida...

I: ¿Y tú cómo estás con todo esto ahora?

A: Cansada. Cada cinco años más o menos cambio de casa, de pareja, de trabajo... empiezo de cero una y otra vez. Es como estar siempre en un continuo cambio. Empiezo con ilusión el primer año, a los dos entro en desidia y ¡fuera!, me aburro y termino dejándolo. Entro en un bajón existencial muy profundo.

I: Vale, es verdad que suena muy cansado y pesado no poder hacer crecer algo que tenga cierta estabilidad en tu vida...
A: O al menos estar más satisfecha con lo que tengo.
I: Cuéntame un poco cómo es ese bajón, ¿tienes sentimientos de tristeza, angustia, miedo? ¿Cómo es para ti?
A: Es perder el sentido de la vida.
I: Suena muy profundo y doloroso.
A: Sí, sí, cuando caigo, caigo fuerte.
I: ¿Y llegas a pensar en la muerte?
A: Sí, es como si me sintiese muy vieja, con la sensación de que si me muriera ahora ya lo he vivido todo.

(Pausa)

Y no es real, no he conseguido crear una familia, hay muchas cosas que en realidad nunca he vivido, no he tenido hijos o parejas más estables, pero yo siento como que he vivido mucho, muy cansada.
I: ¿Y este bajón existencial, como tú lo llamas, desde cuándo te ocurre?
A: En la adolescencia también lo recuerdo. Pero antes podían durar más tiempo.
I: Veo que se trata de algo antiguo y profundo.
A: Sí, siempre aparecen y son potentes.
I: ¿Y alguna vez pensaste incluso en que podría ser una solución morir?
A: Cuando era pequeña lo deseaba con todas mis fuerzas, y en la adolescencia también. Si te pudieses morir por pensarlo, yo ya estaría muerta desde muy pequeña. Pero nunca hice nada.

(Pausa)

I: ¿Y pensabas incluso en la manera de hacerlo?
A: No, sólo deseaba morir... Una tía mía se ahorcó, otra tomó pastillas, pero realmente yo nunca he hecho un movimiento para quitarme la vida... Pero si hubiera podido elegirlo me habría muerto ya.

(Pausa)

Aurora está hablando de la idea de quererse morir (desde muy pequeña), y con esto estamos viendo la profundidad y la importancia que tiene el asunto que trae y lo que realmente urge trabajar (su mirada hacia la muerte). Más allá de lo que ella directamente ha podido expresar en su demanda.

I: Fíjate, Aurora, que esta mirada hacia la muerte te es tan familiar que casi la tienes normalizada. Y esto de no poder crear pilares estables en tu vida parece que tiene que ver también con una pequeña muerte tras otra. Me gustaría ahora mirar contigo algo más de tu historia familiar. Cuéntame un poco más, ¿tienes hermanos?

A: Sí.

Se empieza a hacer el genograma con la cliente de forma que el facilitador pueda tener más claros y ordenados algunos datos del Sistema Familiar. La imagen del genograma servirá de ayuda para ver por dónde podríamos explorar con el cliente su síntoma y algunos de los hechos de su sistema.

I: ¿Cuántos sois?

A: Tengo dos hermanos.

I: ¿Tú qué lugar ocupas?

A: Yo soy la del medio, hay un hermano mayor, luego yo, y otro menor.

I: ¿Del mismo padre y madre?

A: No, de hecho, siempre digo mi hermano y yo, y mi otro hermano. El mayor y yo somos de mi padre y mi madre, y el pequeño es de mi madre y su pareja actual.

I: ¿Y antes de tu padre hubo alguna otra relación de tu madre?

Las historias de las primeras parejas de los padres y los abuelos puede ser importante tenerlas en cuenta. Quizás más adelante esta información podría sernos útil para otro trabajo con Aurora y su dificultad para poderse quedar en pareja.

A: Mi madre se casó con mi padre forzada por mi abuelo. Le fue infiel a su novio, y en ese día de infidelidad con un desconocido, que era mi padre, se quedó embarazada de mi hermano. Mi madre estaba enamorada de su otra relación, pero se casó obligada por su padre. Tuvo a mi hermano, y luego a mí. A los dos nos intentó abortar, pero no le fue posible. A los dos años de separarse mis padres, mi madre empezó la relación con su pareja actual, enseguida se vino a vivir a casa, y al poco tiempo tuvieron a mi otro hermano Yo tendría unos 5 años aproximadamente, también hubo dos abortos.

I: ¿Después de este hijo?

A: Uno antes y otro después de mi último hermano, creo.

I: Si recapitulamos, entonces, tus padres se casaron obligados por el embarazo de tu hermano, y tu madre intentó no tener este hijo. Y luego intentó también abortar cuando estaba embarazada de ti. Y después, vinieron dos pérdidas más y otro hijo.

Aunque no sabemos todavía si se va a explorar su demanda en relación con esta información (los abortos y el intento del suyo propio), se puede observar que podría tener que ver con parte de los síntomas que ella trae a consulta vinculados con esa mirada hacia la muerte. Seguimos avanzando en la historia familiar, atentos y dispuestos a reconocer dónde vuelve a haber fuerza en su relato.

I: ¿Tus padres viven?

A: Cuando yo tenía 5 años mis padres se separaron. Mi padre ahora ya no vive.

I: Cuéntame un poco esto de tus tías que se suicidan, Aurora ¿son por parte de padre?

A: Sí. Mi padre era el pequeño y tenía tres hermanas mayores. La mayor es la única que no se quitó la vida, luego estaba Aurora, la primera que se suicidó. Yo no la conocí.

I: ¿Qué le pasó?

A: Yo creo que le iba mal con su marido y con su hijo. El caso es que se ahorcó. Y a la tercera hermana, que se llamaba María, su hijo se la encontró en la cama muerta. Esta lo hizo con pastillas.

Vemos que las dos hermanas del padre tampoco tenían "los pilares de su vida muy estables", tal y como nos refiere la cliente anteriormente, cuando habla de sí misma. Estos hechos ocurridos en la historia familiar nos invitan a tenerlos especialmente en cuenta para explorarlos con las figuras, ya que están hablando nuevamente de esa mirada hacia la muerte, en este caso con la pérdida violenta y temprana de las dos tías. Aurora lleva el nombre de una de ellas.

I: ¿Qué edades tenían tus tías, Aurora y María, cuando se suicidaron?
A: Aurora no lo sé.
I: ¿Más de 30?
A: Más o menos. María quizás más.
I: ¿Tu abuela cómo se llamaba?
A: Aurora, yo también me llamo Aurora por ella.
I: ¿Murió joven?
A: Mi padre tendría 15 años, ella murió de cáncer de útero.
I: ¿Y qué pasó con tu padre y sus hermanas?
A: Las hermanas tenían 17, 20 y 22 años, y en aquella época ya eran mujeres, mi padre era más joven... se quedaron todos con mi abuelo.
I: ¿Tus abuelos, que tú sepas, se casaron porque quisieron?
A: Mi abuelo sí estaba enamorado de mi abuela.
I: ¿Y de él sabes algo?
A: A él sí lo conocí hasta el día que murió. Estuvo trabajando hasta los 84 años. Muy trabajador, se quedó sordo en la guerra, por una bomba que cayó cerca de él...
I: ¿Estuvo en el campo de batalla?
A: Sí, sí. De hecho, me contaba la historia de que estuvo tres días durmiendo en el tronco de un árbol escondido después de caer una bomba a su lado. Gracias a estar escondido pudo sobrevivir, ya que luego estuvieron los del otro bando buscando a los que quedaron vivos entre los muertos.
I: Tuvo que ser terrible. Vio morir a compañeros, ¿no?
A: Sí.

(Pausa)

I: Un superviviente; tres días escondido allí en un tronco, rodeado de los compañeros muertos, casi sin respirar, para que no lo descubrieran...

A: Sí, un hombre muy fuerte, con un gran caparazón, hasta el último día estuvo prácticamente trabajando.

I: Muy bien, entonces cuando él fue a la guerra ¿sabes si ya estaba casado con tu abuela?

A: Sí, estaba ya casado.

I: ¿Tenía ya hijos?

A: Posiblemente tendría incluso ya a mi padre, que es el más pequeño.

I: ¿Se quedó sordo del todo?

A: Un oído sí, el otro no... había que hablar a gritos en el oído que sí escuchaba. Si le hablabas por el lado que no oía, no se enteraba de nada.

I: Bueno, Aurora, te propongo explorar con las figuras esto último, como una forma de irnos a lo más antiguo y profundo de lo que has contado, para mirar lo que pueda tener que ver contigo, y con lo que a ti te limita ahora en tu vida.

En este caso estamos viendo que lo que le pasó en la guerra al abuelo fue muy impactante y tuvo que ver con la muerte de muchas personas, y quizás también con los hechos ocurridos a algunos de sus familiares posteriormente, como consecuencia de todo aquello. Posiblemente partes de aquella historia quedaron sin ser miradas, digeridas, y quizás por ello guardadas en la memoria del Sistema Familiar.

I: Bien, Aurora, vamos a pasar ahora a mirar parte de todo esto a través de la representación con las figuras. Te voy a pedir que busques:
Una figura que te represente a ti.
Otras que representen a tus tías: Aurora y María.
Otras dos para tu abuelo y tu abuela paterna.
Te voy a pedir también que elijas unas figuras que representen a los compañeros de guerra de tu abuelo, los que murieron el día que estalló la bomba.

(Pausa)

A: Él hablaba poco de eso, pero yo imagino unos cuantos, muchos.

I: Aurora, por último, busca una figura que pueda representar también esto que tú sientes que te limita. Esa sensación cíclica de la que hablas de no poder terminar lo que empiezas, no tener pilares estables, ese sentimiento tan profundo de que "lo tuyo" no crece, y ese sinsentido vital que también te acompaña desde pequeña, ¿lo he nombrado más o menos como tú lo sientes?

(Silencio)

A: Sí, totalmente.

En esta ocasión se le pide a la persona que elija una figura para representar sus sensaciones o síntomas, y esto lo puede hacer a través de una sola figura. Lo que será importante es que quede muy bien definido qué va a representar esa figura, y que la cliente esté de acuerdo con la forma que hemos tenido de nombrar lo que le ocurre.

Aurora elige una figura de un guerrero con un casco completamente cerrado para estos síntomas.

A: Esto representa lo que me persigue (refiriéndose a esa última figura).

La imagen que coloca Aurora queda de la siguiente manera: la tía Aurora, la tía María, la abuela y el abuelo; juntos en la misma línea frente a Aurora y a cierta distancia de ella. Los compañeros de guerra del abuelo están todos tumbados boca abajo detrás de ellos. Aurora coloca la figura que la representa a ella mirando hacia atrás para poder ver a todos y con el muñeco que representa su síntoma detrás de ella muy cerca y apuntándola con los brazos.

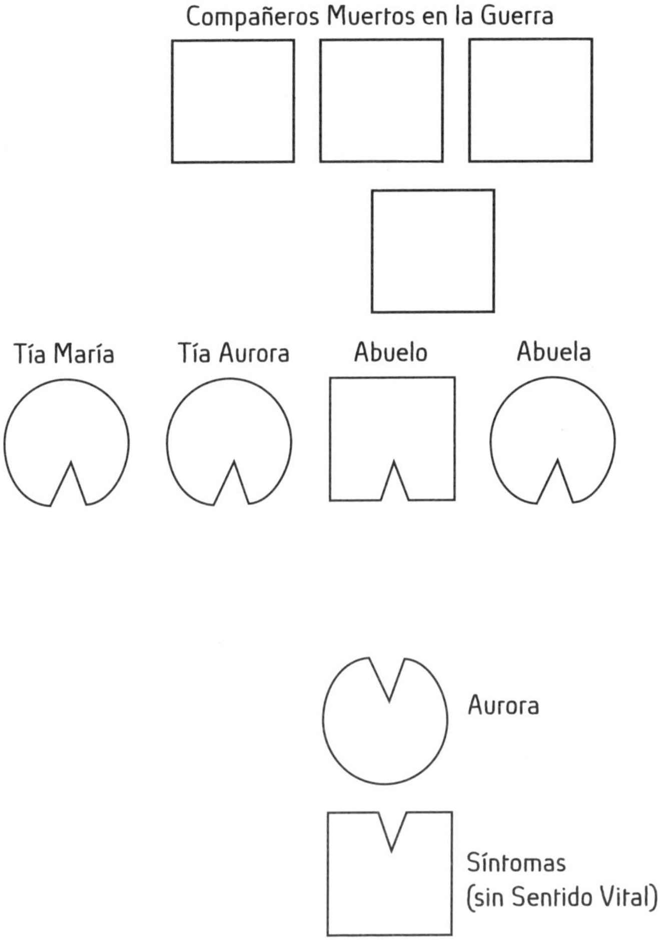

I: Ahora que está la imagen completa colocada ¿qué sensación tienes al mirarla? ¿Qué te llama la atención de ella?

A: Miro a mi abuelo, me da pena, sufriría mucho por lo que pasó, pero no se quejaba de nada, ni hablaba de la muerte, ni tenía miedo, no sé. No se expresaba mucho, cuando murió su hija tampoco lo vi especialmente triste.

I: Asistió a la muerte de su mujer y sus dos hijas.

A: Nunca lo vi especialmente cabreado, ni triste, tampoco muy alegre, era como muy plano o austero en sus emociones. Incluso podríamos decir que frío.

I: Aurora, voy a hacer un movimiento con su figura para ir explorando. ¿Sabes de qué oído estaba sordo tu abuelo?
A: Yo le hablaba a este, al izquierdo.
I: Entonces estaba sordo del derecho.

El movimiento consiste en girar la figura del abuelo de perfil de manera que su oído izquierdo (el que escucha) quede orientado hacia la figura de la clienta, y el oído derecho (el que no escucha) quede ahora orientado en dirección a los compañeros muertos que están detrás de él. De esta manera quedan todos los compañeros muertos, a la vista, para la figura que representa a Aurora.

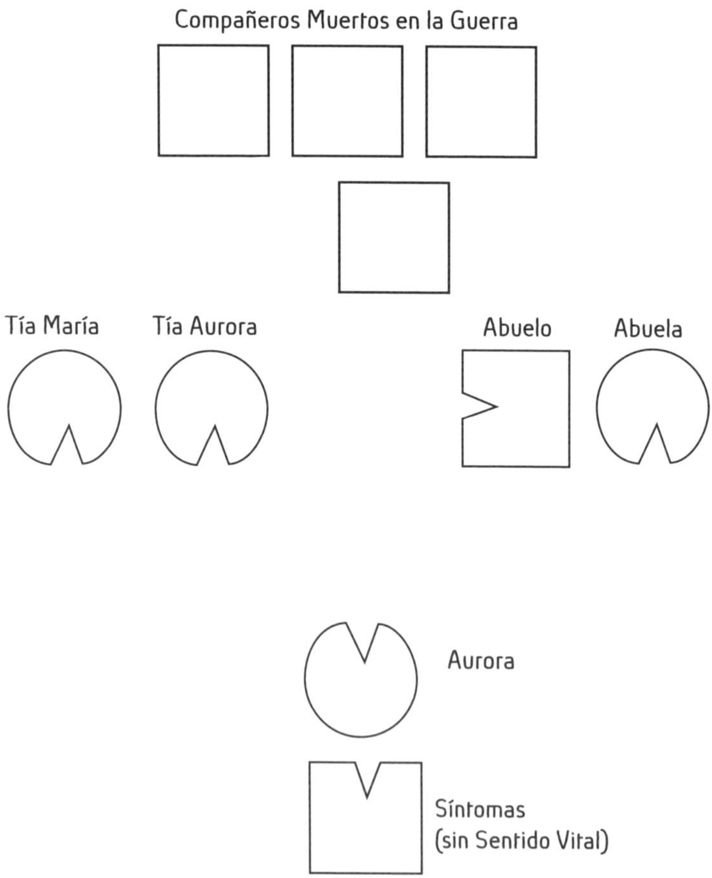

I: ¿Te surgió alguna sensación nueva con ese movimiento?

A: Ahora veo a los muertos. Mi corazón se aceleró mucho. Estoy impresionada.

(Pausa)

Nunca me había parado a pensar en... Sabía que había estado en la guerra y demás, pero nunca me había parado a pensar en lo que eso supone...

"Queda sorda" para el abuelo aquella parte de su historia que fue difícil de asimilar, (sobrevivir a la muerte de todos sus compañeros). Fue tan grande aquello que posiblemente no pudo digerirlo en su momento y todo quedó guardado en un silencio que todavía suena. Mirar ahora todo con respeto, dar un sitio a los que murieron y entender el corazón congelado del abuelo, podría ayudar a que todo quede más en paz allí y aquí. Es habitual comprobar que cuando lo ocurrido es muy grande (como en una guerra), son necesarias varias generaciones para poder mirar y respetar completamente todo tal y como fue.

I: Aurora, este movimiento es para poder ver lo que pasó cuando cayó la bomba allí detrás. Lo que queda sordo y en silencio para el abuelo es lo mismo que lo que quedó invisible para el sistema. Aquello fue muy grande. Él no pudo volver a mirar. Estamos hablando de tu abuelo, un hombre joven, posiblemente ya casado y con hijos, que vive esta experiencia de no saber si va a volver vivo o muerto. Está viendo la muerte a su alrededor, escondido tres días en un árbol por miedo a que lo encontraran y lo matasen, es un superviviente de todo aquello.
El hecho de ser un superviviente entre los muertos puede implicar una serie de consecuencias a nivel profundo, como podría ser sentir en lo más íntimo que ya no tiene el mismo permiso o derecho de estar vivo que podía tener antes de esa experiencia, ya que él conservó la vida cuando otros la perdieron a su lado.

I: ¿Cómo estás con todo esto que estás viendo?

A: No sé, pienso, este hombre cómo pudo soportar aquello, y ahora me estoy dando cuenta que yo también soy un poco así... yo soporto lo que sea y con buena cara. No puedo dejar de mirar a los muertos que hay detrás de mi abuelo, mi abuela y mis tías.

(Silencio)

A: Siento rabia y tristeza a la vez.
I: Aurora, voy a hacer otro movimiento con las figuras para poder seguir explorando aquella escena del pasado. Voy a mover estas figuras de tus tías, que murieron porque se quitaron la vida, y la figura de tu abuela, que murió joven, y las pongo al lado de los compañeros de tu abuelo, que también perdieron la vida jóvenes. Si te fijas, todos están boca abajo, no se les puede distinguir, no se les puede ver la cara.
A: Es verdad. Yo misma los puse así.
I: También vemos que la figura que representa tu síntoma (que está detrás de ti) es la figura de un guerrero con un casco con el que no puede ver nada; con sus brazos extendidos parece que te persigue o te empuja en la dirección de todo aquello.

(Pausa)

Se acompaña a la cliente con estas descripciones de las distintas escenas para que pueda entrar mejor en lo que ocurrió y empiece a entender lo que ella misma lleva. A nivel inconsciente, la imagen ya está trabajando en Aurora.

I: ¿Cómo estás? ¿qué sensación hay en el cuerpo?
A: No sé, como si tuviese un muro de piedra aquí (señalando su pecho).
I: Lo que es interesante es que, curiosamente, ahora lo puedes sentir.
A: Lo veo, más que sentirlo.
I: ¿Y algo más? ¿Te es familiar esa sensación?
A: Sí. Claro. Al ver a mi abuelo con esto detrás he pensado que él sí que tenía aquí un muro (en el pecho). El muro que el llevaba yo también lo tengo, siempre lo he tenido. Ahora lo veo. Ahora lo entiendo.

Esta son observaciones que hace Aurora por sí misma, sólo contemplando la imagen con las figuras. Podemos comprobar la fuerza que tiene una imagen.

I: Voy a poner tu figura mirando a la de tu abuelo y te voy a pedir que le digas:
"Abuelo, veo tu horror, vengo de ahí, yo también lo llevo de alguna manera.

(Silencio)

Ahora veo de dónde viene".
I: ¿Qué sensación tienes al decir esto?
A: Se me seca la boca y me están cayendo gotas de sudor por los brazos, es muy intenso.
I: Le dices: "Tú no pudiste volver a mirar, lo que a ti te sirvió a mí me mata, ahora lo veo. Abuelo, ahora se puede volver a sentir y me lo voy a permitir".

(Silencio)

I: ¿Cómo va la cosa?
A: Al decirlo me relajo. Es muy raro, el muro de mi pecho se afloja.
I: Muy bien, ¿y dónde se va tu mirada ahora en la imagen?

Es muy útil hacer este tipo de preguntas para saber por dónde continuar acompañando. Su mirada nos indica dónde está poniendo su atención y qué puede estar necesitando ser reconocido ahora en esta parte de la escena.

A: A mi tía Aurora.
I: ¿Y qué te surge al mirarla?
A: No sé, me da mucha pena su vida.

Se pone la figura de Aurora mirando a la figura de su tía.

I: Le dices: "Tía, soy tu sobrina, ahora veo lo que había detrás de ti. Quitarte la vida quizás fue tu manera de intentar compensar aquello que le ocurrió a tu padre, teniendo un destino parecido a los que no fueron vistos. Ahora los veo (a los compañeros del abuelo muertos en la guerra).
Lo que tú hiciste tía, lo voy a respetar, fue más grande que tú y es más grande que yo. Ya terminó".

(Silencio).

Aurora se emociona y empieza a llorar.

I: ¿Qué tal al decirlo?

A: Conforme iba hablando con mi tía, además de emocionarme, también me iba relajando.

I: ¿Pensar en ella te pone triste?

A: Siempre que pensaba en ella la veía ahorcada. De ella no tenía ningún recuerdo, sólo tenía esa imagen por lo que me habían contado. Conforme avanzábamos, la imagen de ella se me iba ampliando. Ahora, después de decirle esas frases, tengo la sensación de que todo está más en paz.

I: Te propongo decirle unas frases más: "Tus proyectos quedaron interrumpidos, y yo, pudiendo hacer crecer los míos, no lo hago, quizás es mi forma de ser leal contigo y con todos los que se fueron pronto. Ahora lo veo".

(Silencio)

I: Voy a poner en pie (para que se les vean las caras) a las figuras caídas que representan a los compañeros de tu abuelo muertos de la guerra, y les dices también:
"Ahora os veo, veo vuestra soledad, vuestro dolor, mi abuelo no pudo ni mirar".

(Silencio)

"Respeto lo que os pasó.
En este momento voy a dejar con vosotros este sentimiento tan profundo de sinsentido que he llevado toda mi vida; allí sí lo entiendo. Aquello ya terminó. Ya estáis en paz".

(Silencio)

I: ¿Qué tal decirles esto? ¿Ha cambiado algo?

A: No sé, me ha dado felicidad decirlo y una sensación de ligereza. Verles la cara cuando los has levantado me ha hecho que les tenga menos miedo. Todo está ocurriendo dentro de mí.

I: Voy a colocar tu figura de manera que puedas verlos a todos y les dices: "Ya terminó, ahora os veo a todos y respeto vuestra experiencia y vuestro destino".
Aurora, a las mujeres, tus tías y tu abuela les dices también; "Miradme con buenos ojos si ahora yo sí me permito estar en la vida y crear y crecer en ella. Estoy viva y eso está bien para todos".

(Silencio)

I: Parece que, en tu Sistema Familiar, mirar hacia los muertos que tu abuelo no pudo mirar y seguirlos en un destino parecido, como tus dos tías, puede que la abuela también, y tú de alguna manera... es una forma de serles leal, de incluirlos y de intentar compensar aquello inconscientemente.

(Silencio)

I: ¿Qué tal al decir esto último?
A: Siento alivio, y ahora lo que me gustaría es poder mover mi figura de ahí, pero me molesta la figura que tengo detrás, tan cerca y tan oscura, es como si no me pudiese mover.
I: Voy a poner la figura que te representa mirando a la de ese guerrero con armadura que te perseguía y que representa tus síntomas. ¿Cómo lo ves?
A: Ya no me da miedo verle, pero no me gusta.
I: Prueba a decirle a esta figura:
"Ya veo de dónde vienes, ya los he visto a todos, ya están en paz, ya es suficiente".

Después de decir esto último, se coloca esta figura detrás de todos los que murieron pronto y la figura de Aurora delante de toda la escena, a bastante distancia y mirando hacia delante.

Que Aurora sienta la necesidad de moverse a otro lugar a través de su representante es muy buena señal, pues nos está indicando que una parte de sí misma empieza a entender que estar en ese lugar en el que se colocó al principio (mirando hacia atrás y hacia los "muertos") es no estar en su sitio. Quizás esté procesando un nuevo lugar más libre desde donde mirar a la vida.

I: ¿Qué tal ahí?

A: No sé, estoy mucho mejor así, pero en el fondo, me agobio un poco por dejarles atrás.

A veces esta sensación de carga o culpa por "dejarles atrás" nos indica que el cliente puede seguir teniendo algún tipo de vínculo o lealtad con aquello que pasó, por lo que le cuesta separarse y soltar. Esto nos invita a reforzar (en este caso) el trabajo que estamos haciendo, volviendo a poner en contacto a su figura con aquello que pasó para poder decir algo más. No se puede forzar una imagen final si todavía el cliente no ha llegado ahí y no lo siente.

I: Aurora, voy a poner de nuevo tu figura mirando atrás y le dices a tu abuelo: "Abuelo, ahora voy a respetar lo que pasó y dejo de intentar arreglarlo más. Dejo de llevarlo y dejo contigo lo que tuvo que ver contigo. Salgo de esta esfera y ocupo sólo mi lugar en la vida".

A: Sí, me siento mejor al decirle esto, creo que seguía queriéndolo liberar de su carga, o algo así, y decirlo me relaja y me hace querer girar de nuevo la figura que me representa hacia delante.

I: Cuando intentamos "salvar" a alguien de mayor edad de nuestra familia, nos sentimos más grande que ellos, y esto es agotador, es tremendo, en tu caso puede estar hablando de ese cansancio que tú decías que sentías desde que recuerdas.
Por eso le dices ahora al abuelo: "Todo aquello es más grande que yo y no puedo más con ello, lo dejo contigo".

(Silencio)

I: ¿Cómo estás?

A: Más en paz, ahora sí.

Se vuelve a colocar la figura que representa a Aurora delante de toda la escena, a cierta distancia y mirando hacia adelante.

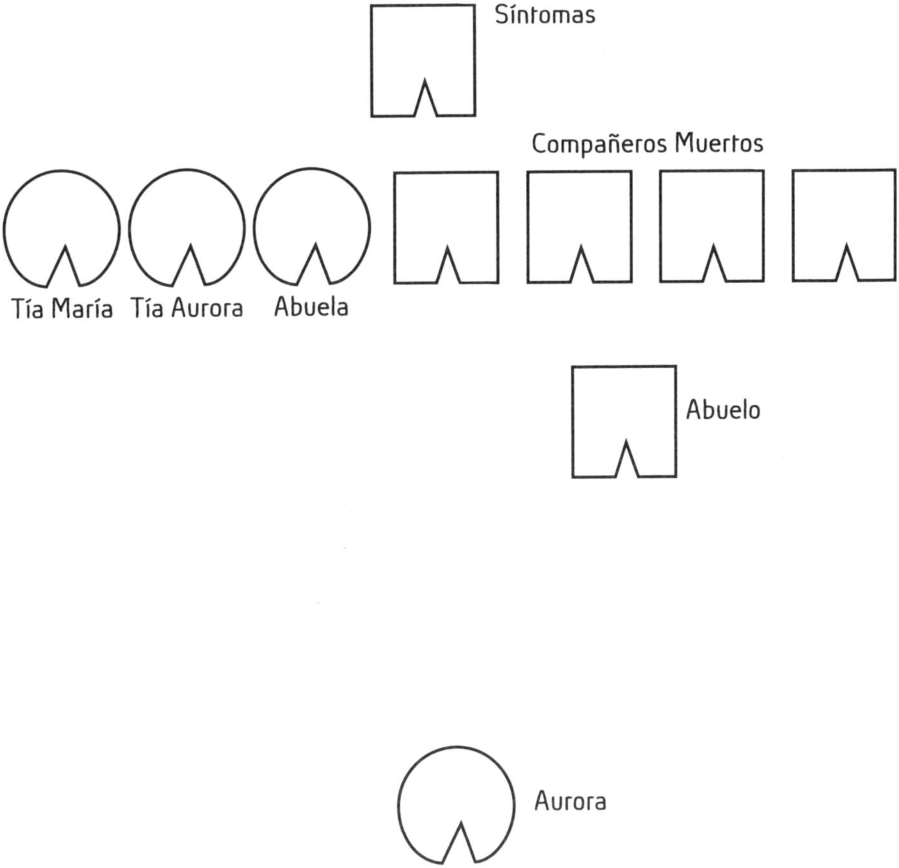

I: ¿Qué tal ahora cuando miras la imagen?

A: Tiene sentido para mí ver aquella figura allí al fondo *(refiriéndose a la que representaba todos sus síntomas).* Siento mucha paz.

I: ¿Y cómo ves a la figura que te representa a ti?

A: La veo contenta, más ligera. ¡En realidad es la primera vez que la veo!

I: Vale, ¿qué sensación hay ahora cuando ves también lo que hay detrás?

A: Más paz, ahora sí, siento que estoy tranquila, y con lo de detrás también, los veo a todos. Estoy muy cansada, pero a la vez relajada. Es una sensación nueva.

Vemos que está conforme con el lugar que está ocupando cada una de las figuras, incluida la suya. Ese "estar conforme" tiene que ver con una aceptación de todo aquello tal y como fue, incluido el dolor... este puede ser buen indicativo para concluir el trabajo.

I: Vale, ¿te parece que lo dejemos aquí, Aurora?
A: Sí. Para mí está bien.
I: Pues aquí lo dejamos.
A: Muchas gracias.

Aurora tarda en levantarse unos minutos mientras sigue mirando la escena y decide retirar las figuras ella misma.

I: Aurora, te voy a proponer que digas en voz alta una frase más, mientras sigues recogiendo las figuras. Les dices a todos: "La guerra terminó y ahora termina en mí".

Aurora respira y sonríe al decir esto.

Genograma, (se puede apreciar que está enfocado en la historia familiar de la rama paterna).

Aurora:
"Quisiera investigar sobre la historia de mi nombre. Toda la vida cansada, no avanzo, siento los pilares siempre inestables, se derrumban cada tanto. También he pensado en la muerte. Mi tía se murió de joven y yo me llamo igual".

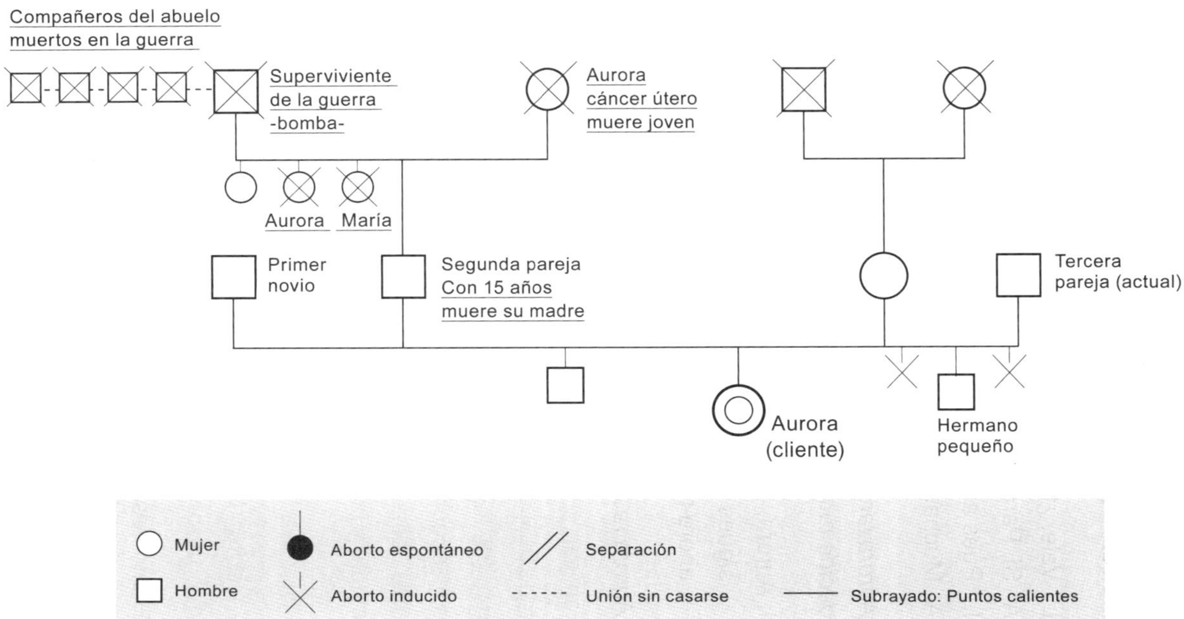

Algunas reflexiones sobre el caso

Decisiones en el abordaje del caso

Gracias a la indagación inicial con Aurora, vemos que el asunto que trae es mucho más profundo y antiguo de lo que inicialmente parece. Cuenta cómo siente su vínculo con la muerte desde que es muy pequeña y da la sensación de que es algo que ha llegado a normalizar. Al escuchar su historia familiar, vemos que la muerte está muy presente, incluso desde su gestación con la intención de la madre de abortar, también con los suicidios de sus dos tías paternas y la muerte temprana de su abuela paterna. Cuando seguimos adelante en esta indagación, aparece la historia de su abuelo como algo lejano y ajeno a ella, y a la vez como algo sobrecogedor y terrible.

Con toda esta información podríamos decidir explorar la figura de su gestación y la del impulso de muerte que hubo antes de nacer, o incluso explorar su lugar con sus tías. Sin embargo, la decisión ha sido ir justamente a visitar parte de la historia del abuelo, tan anterior a ella, tan dolorosa en esta historia familiar, y también tan relacionada con la muerte.

Esta decisión tiene que ver con "poder ir" al acontecimiento quizás más antiguo (de los conocidos), menos "digerido", menos mirado y quizás con más consecuencias en la actualidad de lo que pudiera parecer, sin excluir que, más adelante, se pudiera explorar también esta primera experiencia con su madre y la muerte como una forma de abordar los síntomas desde distintos lugares.

La importancia de incluir la Guerra Civil española en la exploración del genograma

Hemos visto lo importante que ha sido indagar en las vivencias de la Guerra Civil. Fue tanto el dolor de lo ocurrido, normalmente oculto, fueron tantas las consecuencias para todos, que sigue habiendo una resonancia en el tiempo a través de los descendientes. En muchas ocasiones, esto se traduce en síntomas que llegan a la consulta.

Para muchas familias, poder sobrevivir a todo aquello fue gracias al silencio, quizás como una forma de "parar" el conflicto. Otra manera fue no mirarlo, para que doliera menos. Por eso, a veces, es difícil que los clientes sepan lo que ocurrió.

El trauma puede ser biográfico (en la propia vida del cliente), transgeneracional (en alguno de los miembros de la familia) y/o colectivo (cuando afecta a una sociedad entera, como en el caso de una guerra). Hemos visto cómo interactúan.

Ha sido muy valioso que la cliente tuviera información sobre la Guerra Civil y su familia. La resonancia corporal y emocional que Aurora mostraba a lo largo de la representación con los muñecos nos ha permitido constatar que realmente había una implicación en la actualidad con todo aquello... Al igual que ha permitido que ella pudiera entender un poco más que, quizás, llevar estos síntomas ha sido una manera inconsciente de ser leal con una parte de lo que pasó; y lo que es más importante, tener la oportunidad ahora de dejarlo allí donde ocurrió.

Es en el presente donde el pasado intenta resolverse, donde encuentra la oportunidad de ser visto, mirado de otra manera y respetado si antes no fue posible. Hacerlo a través de las figuras y de las frases, con la emoción que quedó contenida, lo hace real y posible.

En la actualidad, lo que tenga que ver con polaridad entre bandos, posibilidades de pérdida, muerte, escasez, separación, incertidumbre, aislamiento... son asuntos que pueden reactivar antiguas heridas no cerradas en el pasado relacionadas especialmente con la Guerra Civil en España, y favorecer que mucho tiempo después se vivan de una manera intensa, desajustada, o desproporcionada. Con el Covid, por ejemplo, se ha podido ver las formas tan diferentes de reaccionar y de vivir una misma situación. A través de las Constelaciones Familiares tenemos la oportunidad de explorar y entender cómo, en muchas ocasiones, esto tiene que ver con lo que pasó más atrás, en cada familia. Nos permiten, además, hacer algo con ello, trabajando con las escenas que quedaron congeladas (por terribles que fueran).

Incluir a los compañeros del abuelo de Aurora muertos en la guerra en la representación con las figuras

Las personas que tuvieron que ver con la muerte de algunos de nuestros familiares también pertenecen a nuestro Sistema Familiar. Quedan vinculados con la persona que vivió aquello, e indirectamente con nosotros. En este caso, con Aurora, hemos podido ver hasta qué punto incluir y reconocer a los compañeros muertos del abuelo dio sentido y orden a muchos de los acontecimientos de esta familia y en concreto a los síntomas de Aurora.

Una forma de ampliar este trabajo consistiría en invitar al cliente a que elija una figura o incluso varias para que representen a "los que quitaron la vida", y les dé un lugar en la escena. Normalmente, sorprenderá ver que el lugar que se elige para colocarlos en la imagen suele ser al lado de los que ellos mismos mataron. Incluirlos y mirarlo todo con compasión también dará paz.

Las emociones a lo largo del trabajo

En todos los trabajos con muñecos es imprescindible estar atentos a las emociones, gestos y cambios físicos en el cliente y preguntarle a menudo como está. Son justamente sus respuestas lo que nos van a indicar qué pasos están siendo los acertados en el desarrollo de la sesión y qué es lo que le ayuda. Los muñecos no hablan, por eso es lo que la persona siente y nuestro propio sentir como facilitadores lo que nos orienta.

En este caso con Aurora, la historia del abuelo era tan antigua y aparentemente tan ajena a su situación y a sus síntomas actuales que resultaba difícil conectarla inicialmente con la escena. Si, además, parte de su implicación con todo aquello que pasó es vivir como "con un muro en el pecho" y no sentir del todo (como le pasó al abuelo), la necesidad de darle tiempo y de acompañarla a revisar sus sensaciones, a lo largo del trabajo, serán todavía más importantes. También ayuda mucho conocer la historia lo mejor posible y dar voz a la escena recapitulando con ella en voz alta "aquello que pasó", nombrando y reconociendo lo que fue menos visto, por miedo, dolor o vergüenza.

El hecho de “entrar” en una escena de la guerra puede ser muy intenso, aunque sea a través de los muñecos. Es necesario, como facilitadores, estar reconciliados en nuestro interior con todo aquello. Si no, no podremos acompañar a la persona a una reconciliación con lo ocurrido en su corazón y avanzar a un estado de paz real.

Caso 6: Locura y miedo a la locura

Alicia, mujer de 27 años, quiere trabajar sobre su miedo a la locura. Vive sus “sensaciones especiales” (como ella lo llama), como una señal o síntoma de una posible locura. Todo esto la conecta al recuerdo de una tía.

Isabel: ¿Qué te gustaría mirar?

Alicia: Me gustaría ver por qué me da terror cuando recuerdo a la hermana de mi padre. La imagino en un entorno muy oscuro, sucia, con ropa rota y sin apenas poderle ver bien la cara. Ahora no sé por qué ella está tan presente para mí.

I: ¿Qué sensación tienes al evocar la imagen? ¿Aparece enferma, abandonada...?

A: Como loca, ella al parecer no estaba bien.

I: ¿Y qué sabes de ella?

A: Es la hermana mayor de mi padre. Mi padre tuvo tres hermanas, él es el más pequeño.

I: ¿Puedes decirme algo más sobre ese miedo? ¿El miedo es a que ella te pueda hacer daño? ¿O miedo a que te pase a ti?

A: Siempre he tenido como un miedo a volverme loca. He ocultado muchas sensaciones creyendo que eran invenciones mías.

I: ¿Sería entonces el miedo a la locura? La imagen de ella te recuerda mucho ese miedo...

(Pausa)

A: Que me vean como loca. Y a volverme loca. Eso sería terrible.

(Se hace un silencio largo)

(Pausa)

I: ¿Sabes algo más de esta hermana?

A: Esta fue su hermana mayor, que era hermana sólo de padre.

I: ¿Hija del padre con una mujer anterior?

A: Sí. La primera hija de mi abuelo.

I: ¿Sabes su nombre?

A: El nombre no lo sé. Eran cuatro hermanos, tres de madre y padre, y una sólo de padre.

I: ¿Y cuál es la historia de tu abuelo con esa primera mujer? ¿Estaban casados? ¿Qué sabes de esto?

A: No sé mucho de la madre de esta mujer, parece ser que murió pronto, y entonces él buscó una mujer para que le ayudase a cuidar a su hija.

I: ¿Murió joven?... ¿no sabes bien ni de qué ni cómo?... ¿te suena si fue en el parto o no tan pronto?

A: No lo sé.

A: Mi abuelo era muy mayor cuando se casó con mi abuela, más de veinte años de diferencia.

I: Tuvieron tres hijos después, entre ellos a tu padre. ¿Pero fueron criados juntos con esta hermana?

A: Sí.

I: ¿Y de tus otras tías sí sabes el nombre?

A: Sí.

I: Pero de esta no...

A: No, no se hablaba de ella.

I: ¿Y qué sabes de su locura?

A: Se avergonzaban de ella. Vivían en el campo y había un lugar de tránsito en la sierra. Ella se iba al camino y parece ser que se ofrecía como mujer, que ofrecía su sexualidad y seducía a los hombres.

I: ¿Se fue conociendo en el pueblo que ella hacía esto? ¿llegaron a llevarla algún sitio?

A: Pues cuando se quedó embarazada la llevaron a un manicomio.

(Pausa)

I: Se quedó embarazada ¿no se sabe de quién?

A: Había rumores, parecía que era su propio tío quien se había aprovechado de las circunstancias.

I: Vale, entonces, se sabe que la llevaron a un manicomio ¿y de ese hijo o hija se sabe algo?

A: Nunca se supo, mi padre intentó saber…

I: ¿Tu sensación en este momento cuál es? ¿Esta historia te había tocado de alguna manera antes?

Se hace esta pregunta acerca de su sensación en este momento, llevando más su atención al cuerpo para que ella misma pueda observar si resuena con lo que está apareciendo. Es importante que el facilitador sepa "parar" (hacer pausas) en la entrevista, cuando sale a la luz una información de cierta carga emocional y sistémica.

A: Me da mucha pena, me duele pensar en ella, además de darme miedo.

I: Vale, parece que posiblemente murió allí, porque no se volvió a saber de ella y no se supo nada del hijo.

A: Se supo que fue durante un tiempo ama de leche en el sanatorio, con otros niños. Le quitaron a la niña.

I: Entonces era una niña.
Bien. Alicia, ¿te parece que exploremos el miedo a la locura, así como la pena y el dolor que te genera la historia de esta mujer?

Se incluyen (para explorar con ella) el dolor y la pena, además del miedo que menciona más arriba, pues, aunque puede haber una parte legítima en esa pena por lo ocurrido, cuando la historia de algún familiar nos genera demasiada pena puede significar que estamos llevando algo de él.

I: Te voy a pedir que busques entre las figuras una que te pueda servir para representarte a ti, otra para representar a tu tía y otra para la hija que tuvo. Y otra más para su madre que murió joven (la primera mujer del abuelo).

Alicia empieza a elegir los muñecos.

I: Busca también otra figura que pueda servir para representar la locura o eso que le pasó a ella y que llamaron locura, no sabemos muy bien lo que es, pero fue así como lo llamaron.
¿Sabes si esta mujer está viva o muerta?
A: Mi sensación es que está muerta. Posiblemente murió sola allí.

(Pausa)

Alicia se toma su tiempo para colocar todas las figuras y crear una escena.

I: Lo que vemos en esta imagen es lo siguiente:
Tu tía está colocada a tu lado. La niña que tuvo también está en esta misma línea a su lado. La figura de la locura está delante de ti y tu tía, mirando hacia vosotras, a la misma distancia de una y de otra. Todas las figuras miran hacia adelante menos la de la locura, que está girada mirando hacia atrás. Detrás de tu tía está su madre. Primera mujer de tu abuelo.

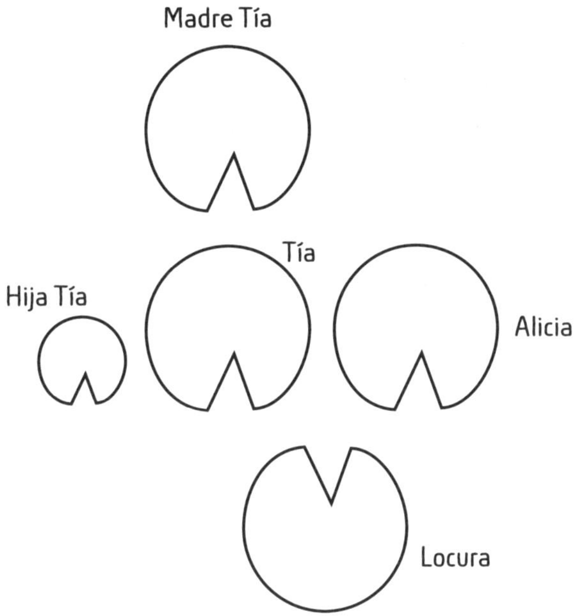

I: Cuando ves esta imagen que has colocado, ¿qué te surge?

A: La figura de la locura está muy cerca de mí y mira detrás de mí. Eso me asusta. Aunque yo misma las haya colocado, también me sorprende ver a esta mujer a mi lado (la tía).

I: Vale, voy a hacer un movimiento y probamos a ver qué tal para ti.

Se coloca la figura de la locura al lado de la tía, y la figura que representa a Alicia se retira y se pone delante de esa nueva escena, mirándola.

I: Fue ella la que realmente vivió la carga de ser vista como “una loca”, hasta el punto de terminar en un “manicomio” hasta su muerte.

(Pausa)

¿Qué sensación tienes con el movimiento que he hecho con esta figura? ¿Cambió algo?

Alicia se queda mirando la nueva escena asombrada, como si algo empezase a desvelarse para ella. Es curioso observar en el trabajo con las figuras cómo lo que puede parecer evidente para la persona, porque ella misma lo ha contado y colocado, al verlo representado en una imagen y hacer algunos movimientos de "orden" con esas figuras, genere tanta sorpresa y tantas sensaciones.

A: Frío, porque ya no está mi tía cerca de mí. Es frío, pero con alivio a la vez. También siento que esa figura de la locura está mejor ahí con ella. Puedo respirar mejor.

I: Vamos a explorar algo, Alicia. Voy a separar más la figura que te representa a ti de la figura de tu tía y de la locura.

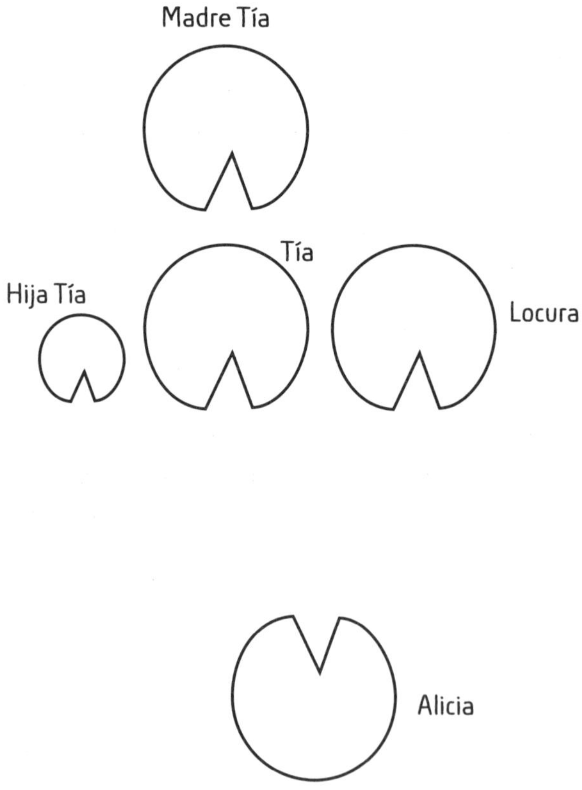

I: ¿Qué tal ahora, después de este movimiento?

A: Alivio, descanso, y veo mejor la escena en la que estaba metida.

I: Tal y como tú me contabas al principio y luego has expresado a través de la imagen con las figuras, parece que hubieras estado vinculada a ellas a través de esta pena y de este miedo a la locura y a que te vean como loca, que tú en tu intimidad y en soledad has vivido tan intensamente. Ahora voy a usar la figura que te representa para ponerla delante de la primera mujer de tu abuelo (madre de tu tía), mirándola. ¿Alguna sensación cuando hago esto?

A: Sensación de escalofrío.

I: Quiero que le digas algo: "Tú fuiste la primera mujer de mi abuelo, el padre de mi padre, perdiste la vida muy joven con una hija pequeña".

(Pausa)

I: Le sigues diciendo:
"Gracias a que tú perdiste la vida muy joven, mi abuela pudo estar con mi abuelo y yo estoy viva ahora". (*Frase a frase, Alicia va repitiendo lentamente*). Déjatelo sentir.

Se puede ver que Alicia está muy centrada en la imagen y cada vez menos tensa y más relajada.

I: Y ahora le sigues diciendo: "Ahora te veo, formas parte de esta familia". Alicia, esto tiene que ver con reconocer en voz alta algo que estaba muy oculto y con lo que parece que estabas más vinculada de lo esperado. Es un vínculo con esta mujer que también pertenece al Sistema Familiar y que estaba excluida, poco vista o poco reconocida. Quizás por el dolor y el miedo que generó la muerte de una madre tan joven en el clan.

En este caso se le proporcionan algunas explicaciones a la cliente, a la vez que se está haciendo el trabajo, para dar más fuerza y ampliar su entendimiento.

I: Le sigues diciendo: "Tu muerte tuvo muchas consecuencias, para tu hija no fue fácil, no sé muy bien lo que ocurrió, pero fue muy grande, ella llevó una carga que asustó a todos.

Yo, por lealtad a ti y a ella y sin saberlo, he llevado parte de esa carga. Y ahora veo que a nadie le sirve.
Lo que a ti te pasó lo empiezo a respetar y lo dejo contigo. Ya tienes tu sitio".

(Pausa)

I: ¿Cómo estás, Alicia? ¿Ha cambiado algo?
A: El escalofrío se fue, empiezo a sentir calor. Es muy agradable y sorprendente.

(Pausa)

I: Ahora voy a girar la figura que te representa para que pueda mirar a la figura que representa a tu tía.
Y le dices: "Fuiste la primera hija de mi abuelo, hermana mayor de mi padre. Formas parte de este sistema, ahora te veo".

(Pausa)

I: Le sigues diciendo: "Fue a ti a quien dieron por loca, ahora veo tu dolor y tu miedo.
No volvieron a hablar de ti. Y yo, queriéndolo arreglar sin saberlo, llevándolo también.
Ahora lo voy a respetar, lo voy a dejar contigo con amor. Fue tu experiencia de vida, y ya terminó. Tú eres tú y yo soy yo. Lo que a mí me pasa ahora no tiene nada que ver con lo que a ti te pasó".

(Pausa)

En este momento Alicia está llorando, respirando profundamente, soltando...

I: ¿Cómo estás?
A: Siento alivio, claridad, calma, sorpresa. Lo que más me ha movido es cuando le he dicho: "Tú eres tú y yo soy yo".

(Pausa)

I: Vamos a hacer otro movimiento más, voy a poner la figura que te representa mirando a la figura que representa la locura, y le vas a decir lo siguiente:
"Ahora veo de dónde vienes. Aquello terminó, ya es suficiente, ahora termina en mi".

I: Alicia, quiero que mires a la figura que representa a la hija de tu tía y le digas: "Tú también perteneces, ya te he encontrado, ya tienes tu sitio".

Alicia sonríe al decir esto y vuelve a respirar profundamente.

Isabel pone la figura de "la locura" detrás del todo, y la figura que representa a Alicia mirando hacia adelante, dejando toda la escena atrás.

Alicia observa tranquila, todavía asombrada por la imagen final.

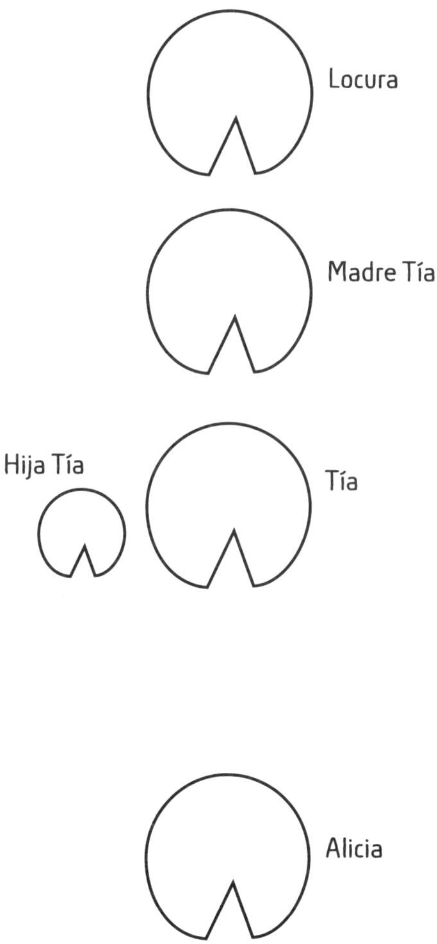

Alicia:
“Miedo a volverme loca”, a “que me vean como loca”.
“La carga que tiene que me vean como una loca”.

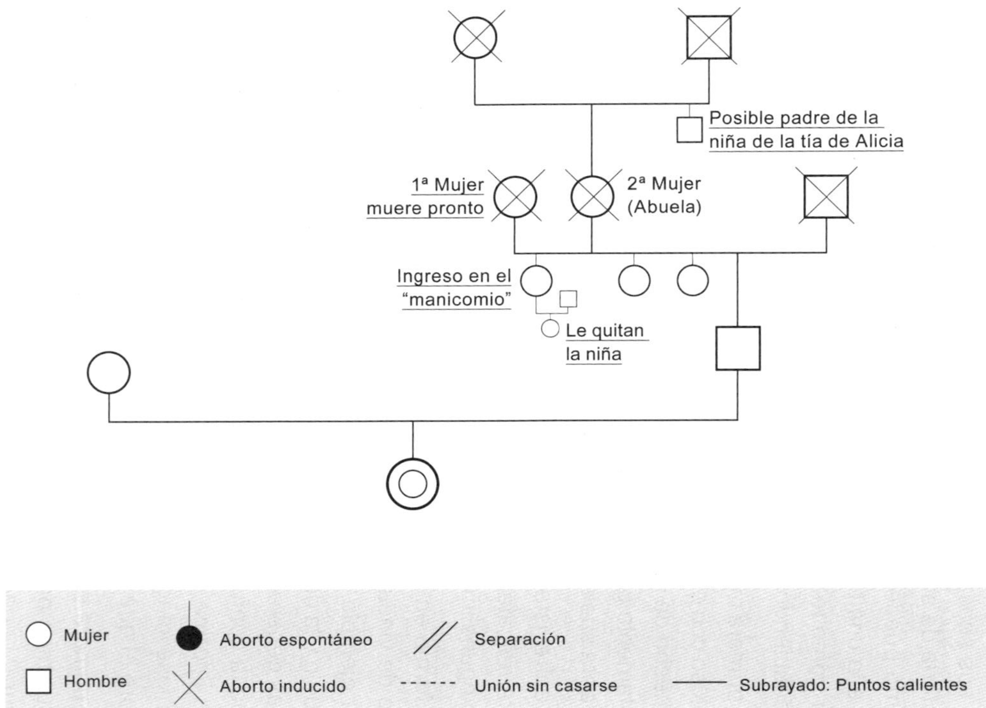

Algunas reflexiones sobre el caso

Este trabajo trae a la luz lealtades de Alicia con mujeres importantes de su Sistema Familiar, dándole así la oportunidad de entender mejor algunas de sus sensaciones más irracionales y antiguas, y a la vez de conocer la historia de su sistema desde más adentro. Este trabajo le ha permitido ver cómo puede funcionar una lealtad inconsciente, perpetuándose a través de ella una parte de lo ocurrido en el pasado. También ha podido comprobar cómo reconociendo y respetando lo que pasó, la imagen se actualiza, produciéndose orden y paz.

La primera mujer del abuelo, que parecía no tener mucho que ver con Alicia e incluso con el Sistema Familiar, pertenece a este sistema igual que los demás. El hecho de que muriese tan pronto dejó sitio a su abuela, y Alicia está viva justamente gracias a esto. Reconocer ese hecho a través de la imagen y la palabra suele tener efectos muy reconciliadores para todos.

La entrevista inicial con la información del genograma del cliente nos servirá para rescatar este tipo de asuntos a los que no se les suele dar demasiada o ninguna importancia.

La forma en la que la persona coloque los muñecos nos dará pistas de qué tipo de vínculo puede tener con algunos miembros de su Sistema Familiar. Por ejemplo, en este caso, Alicia puso las figuras de la primera mujer de su abuelo y la de su tía muy cerca de ella, cuando en realidad, son personas de otras generaciones, que no conoció y que ni siquiera están vivas. Esto crea mucha confusión en la vida de la persona, como hemos visto. La imagen nos informa de un vínculo más fuerte de lo que en un principio ella misma hubiese imaginado, indicándonos un desorden. Y sobre ese nuevo orden es sobre el que trabajamos en la sesión.

La primera escena que Alicia coloca es la que nos va a orientar sobre los siguientes pasos a dar en el trabajo. Poner la figura que representa a "la locura" pegada a ella y a estas dos mujeres de su sistema, nos informa de que hay una relación muy cercana con ellas dos y con aquello que pasó.

El lugar en el que el cliente coloque la figura que tiene relación con su síntoma, en este caso el "miedo a la locura", en la imagen inicial, es clave. Y lo que siente cuando hacemos algún movimiento con ella en la escena nos orientará en el trabajo. Aquí, en el caso de Alicia, situarla al lado de la figura que representa a la tía es una forma de explorar cómo se siente la cliente con esto. Esa figura que representa a "la locura", tiene más sentido al lado de la figura que representa a la tía que al lado de ella. Lo que le pasó a esa mujer no tiene nada que ver con lo que le pasa a Alicia ahora. De hecho, pudimos ver que esa nueva imagen le provocó gran comprensión y alivio.

Es sanador cuando desde el presente podemos mirar con respeto por fin, un hecho que causó mucho dolor y miedo en el Sistema Familiar. Esto genera paz en la persona y en lo que hay detrás de ella.

Normalmente, es importante que la figura que representa al cliente tenga un "encuentro" con cada una de las figuras que están en la escena y que representan partes del Sistema Familiar, recordándoles a través de una frase que ellos también pertenecen. Sólo ese gesto generará orden y respeto.

Un buen resultado para Alicia, después de este trabajo, sería que viviese sus propias "sensaciones especiales", como ella las llamaba, sin tanto miedo a que sean signos de locura o a que la puedan ver como loca… y sentirse así más libre.

¿Y si no hubiese habido información de esta tía abuela? La información que tiene la persona sobre su historia familiar siempre es la adecuada y necesaria y trabajaremos con lo que hay.

Las figuras nos servirán para representar el asunto de la persona de distintas maneras. En este caso, si Alicia no hubiese conocido la historia de estas mujeres de su familia, podríamos haberle pedido, por ejemplo, que eligiera figuras que la representasen a ella y a ese miedo a la locura, o a que la vean como loca, que la acompaña desde siempre. En definitiva, se tratará de explorar, ver qué figura elige, dónde la coloca, cómo se siente si la acercamos o la alejamos de ella, qué cree que le aporta o en qué cree que la limita. Observando lo que ocurre con estos movimientos tendremos más información y quizás pueda ser diferente a la que nos cuenta Alicia en la entrevista inicial, y desde ahí podremos seguir avanzando. En cualquier caso, siempre será interesante que pueda mirar a ese síntoma a través de las figuras y que pueda dirigirse a él como lo haría a cualquier miembro de su sistema o a cualquier parte de sí misma. Es decir, reconocerlo y decirle que él también pertenece, que también forma parte.

Como hemos ido viendo, normalmente cuando un síntoma es vivido con mucha desproporción y repetición en la persona, puede estar hablando de algo que ocurrió más atrás a alguno de sus familiares, que está necesitando ser reconocido, incluido y cerrado.

Caso 7: El desequilibrio entre el dar y el recibir

Cristina, mujer de 45 años, expone sus dificultades para poner límites a sus clientes al trabajar como terapeuta. Ya ha habido algún encuentro terapéutico previo con ella.

I: ¿Qué te gustaría mirar, Cristina?

C: Me gustaría mirar la relación con los clientes en mi trabajo. Soy osteópata y psicoterapeuta. La dificultad, que se me repite, es no tener límites en el momento que estoy en el encuentro con el otro; me cuesta decir "hasta aquí", y las sesiones se hacen muy largas. Tampoco cobro lo que corresponde. Y aunque hago lo que me gusta, siento que hay algo que está desajustado y que se repite. Llevo unos 20 años con este tema, teniendo que descansar temporadas por puro agotamiento.

I: ¿Sientes que das más de lo que puedes dar, más de lo que el otro puede coger o incluso más de lo que te pide?

C: Sí, todo eso me resuena. Como mi trabajo tiene que ver con el dolor, siempre hay un amigo o familiar que siente dolor y me presto a ayudarle. Mezclo el trabajo con las amistades también. Amigas que entran por la consulta o clientes que después de trabajar con ellos se convierten en amigos, incluso a veces puedo confundir si se trata de una clienta que se convirtió en amiga o una amiga que se convirtió en clienta. Hay algo que está muy mezclado, muy fusionado, que a mí me cansa y me carga, hasta el punto de decir: "¡Me retiro y me hago camarera!".

I: Claro, esto se tiene que ajustar para que puedas seguir haciendo tu trabajo, y tus relaciones con otros y contigo misma no estén distorsionadas. Puede ser que todo esto sea un síntoma de algún desorden debido al lugar que ocupas o has ocupado en tu familia, y esto es lo que te propongo explorar.

C: Sí, me parece bien.

Es interesante hacerle una propuesta clara al cliente y pedirle su aprobación. Tener su permiso verbal facilita su colaboración en la siguiente fase del trabajo.

I: Te voy a hacer algunas preguntas en relación a tu familia de origen. Hubo una pérdida de tu madre muy temprana, ¿no?.

C: Sí, yo tenía cuatro años, soy la pequeña de tres hermanos; la mayor tenía 11, y el mediano 8 años.

I: ¿Tus padres estaban juntos como pareja cuando ocurrió aquello?

C: Sí.

I: ¿Qué le pasó a tu madre?

C: Fue una enfermedad pulmonar, no me acuerdo como se llama, pero dejaron de funcionarle los pulmones.

I: ¿Y la relación con tu madre, hasta donde tú recuerdas o intuyes?

C: No recuerdo mucho, pero tengo una sensación de calidez y al mismo tiempo algún recuerdo de vivenciar su deterioro. Fue una enfermedad que duró varios años. Cuando mi madre se quedó embarazada de mí ya había algo, porque ella se planteó incluso abortar, no se sentía fuerte para un embarazo y una crianza, parece que mi padre dijo que eso no era una opción para ellos y siguieron adelante con el embarazo.

(Silencio)

I: ¿Y tú relación con tu padre? ¿Cómo ha sido y cómo es?

C: Mi padre, cuando murió mi madre, estaba en una etapa difícil, acababa de morir no hacía mucho su padre también.

I: ¿Lo que recuerdas de tu relación con él?

C: De más pequeña sentía su calor y su cercanía. Pero después de todo lo ocurrido, era tanta la intensidad que él no daba para más. Mi sensación ahí es de una gran soledad, cada uno tira hacia adelante como puede. Él también empezó muy pronto a relacionarse con otras mujeres, hasta que encontró una mujer con la que se casó cuando yo tenía 11 años. Y las cosas tampoco mejoraron ahí.

I: ¿Y lo más destacado para ti en la historia de vida de tu madre?

C: Ni mi madre ni su hermana fueron reconocidas por su padre. Tampoco mi abuela tuvo mucha relación con sus padres, no sé por qué... Por parte de madre no conozco a ningún familiar, sólo a mi abuela y a mi tía. Hace unos meses mi padre confesó que sabía quién era el padre de mi madre, pero mi madre le pidió que jamás lo contara. Y mi padre cumplió la promesa.

I: Te voy a pedir que elijas algunas figuras de manera muy intuitiva.
Una figura que te pueda representar a ti.
Otra para tu madre.
Alguien que pueda representar "al otro", a los que tú das en concreto, vamos a explorar a los clientes (Cristina elige para ello una figura de un niño muy pequeño).
También una figura para tu padre.

Vemos que coloca a sus padres detrás, a bastante distancia de ella y separados entre sí. La figura que representa a Cristina delante, mirando hacia delante y la figura del niño pequeño que representa "a los clientes", al lado de ella, muy cerca, como de la mano.

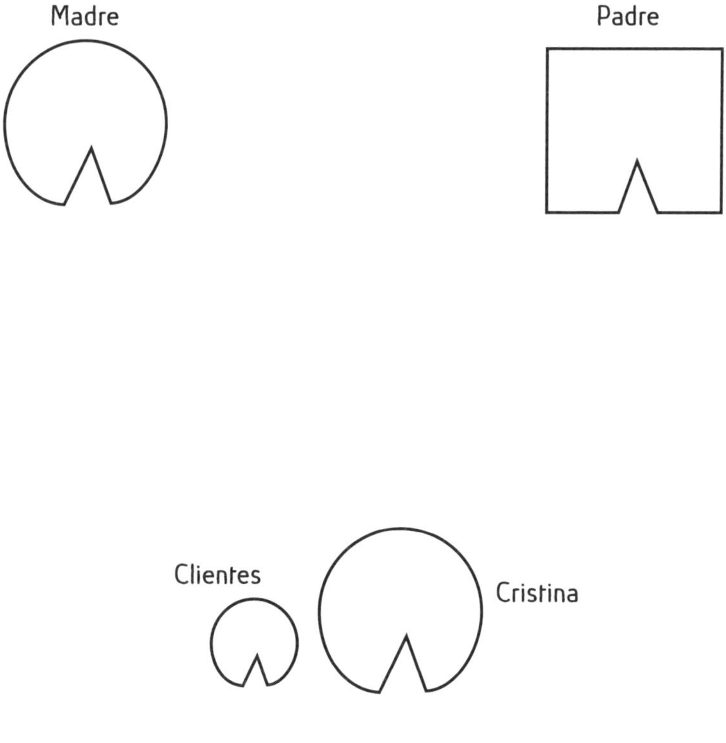

I: ¿Qué sensación tienes cuando miras?

C: La atención se me va hacia mi madre y es como si necesitara que se alejara un poco más de todos, más hacia el borde, más atrás.

I: ¿Por algo quieres hacer este movimiento?

Es interesante, antes de realizar el movimiento que pide hacer el cliente, preguntarle por qué y para qué, así ampliamos la información.

C: En realidad es que no sé muy bien dónde ubicarla, es como si ese no fuese su lugar, me resulta incómodo no saber dónde está, dónde ponerla. La pondría más hacia el borde, más lejos.

Isabel acomoda la figura de la madre donde Cristina le indica. Finalmente, queda colocada más lejos, pero justo detrás de ella.

I: ¿Cómo te sientes ahora al ver la escena así?

C: Está lejos, pero estoy más relajada, aunque también me siento más sola.

I: ¿Moverías alguna figura más?

C: A mi padre tampoco sé muy bien dónde ponerlo, pero de momento lo dejo ahí.

Vemos que realmente no sabe dónde colocar a los padres, y esto ya nos está diciendo algo…

I: ¿Qué tal aquí, con esto que ves? (señalando a la figura de ella con el niño de la mano). Me llama la atención que la figura de los clientes es la figura de un niño muy, muy pequeño, y que lo tienes cogido de la manita, como si fueras una madre.
¿Alguna sensación al mirar eso?

C: Ahora que lo dices, cuando lo miro lo veo raro, pero está bien para mí si no lo pienso…

(Silencio)

Podemos ver que esto ocurre en muchas ocasiones en las sesiones con muñecos: la persona coloca algo que a ella misma le sorprende luego. Y esa imagen ya le aporta una información.

I: Vamos a explorar, voy a hacer un movimiento y tú me vas diciendo cómo lo sientes.

Se acerca a los padres entre sí y se colocan justo detrás de la figura que representa a Cristina, muy cerca de ella.

I: ¿Qué tal ahora?
C: Siento más calor.
I: La palabra que has usado cuando recordabas a tus padres de pequeña.

(Silencio)

¿Ahora harías algún cambio con las figuras después de esto?
C: Sí, algo ha cambiado, pondría delante de mí al niño que representa a los clientes, siento que ahora podría alejar esta figura un poco.
Se aleja la figura del niño poniéndola delante, como ha pedido Cristina.

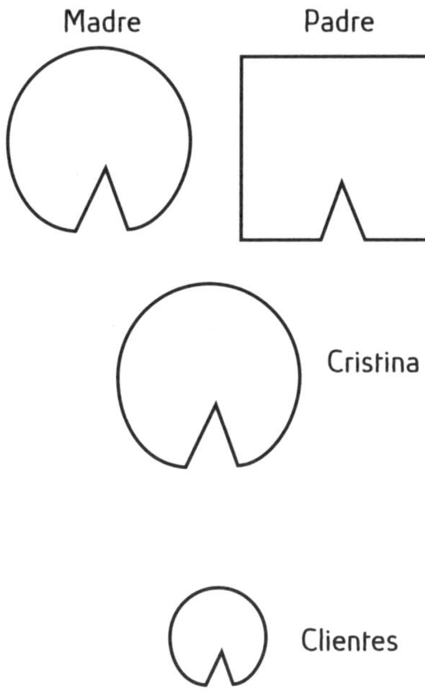

I: ¿Y ahora qué sensación tienes?
C: Más espacio, más perspectiva y más tranquilidad con relación a ellos (los clientes).

(Silencio)

Cristina se ha podido echar hacia atrás en su silla, lo que hace que pueda respirar mejor.

C: Cuando has acercado a mis padres detrás de mí, me he sentido como más en mi sitio, en mi lugar, y eso me ha dado más fuerza. Siento que ahora puedo distanciarme más de la figura de los clientes.

Aquí vemos una de las claves de este trabajo. El hecho de acercar a los padres a la figura de Cristina le permite la experiencia del encuentro con ellos (algo que faltó y que generó muchas consecuencias). Esto, como vemos le aporta fuerza y orden. Parece que en ese momento se da cuenta de algo, y es cuando puede empezar a dejar de ocupar ese papel de madre con sus clientes. Quizás esté proyectando en ellos algo que tiene más que ver con lo que le faltó a ella misma. Y eso es lo que vamos a seguir explorando.

I: ¿Qué te parece si eliges ahora otra figura para representar a los clientes que no sea la de un niño tan pequeño?

Elige a un hombre joven como nueva figura para representar a los clientes. Cristina decide colocarla delante de ella y al lado de la del niño pequeño.

I: Ahora voy a darle la vuelta a la figura del niño y la voy a poner en contacto con la tuya... para que se puedan mirar.
Y le dices: "Ahora te veo".
Dile también: "Veo tu soledad, nadie la vio, veo tu tristeza, veo tu necesidad de calor y de atención, ahora lo veo".
I: ¿Qué tal al decirle eso?
C: Emoción. No la puedo identificar, no sé si es agradable, quizás más bien tristeza, es muy profundo. De repente es como si me hablase a mí de pequeñita.

(Silencio)

Parece que ahora Cristina no está viendo representado en el niño pequeño a los clientes, y se puede empezar a ver a sí misma cuando era pequeñita. Se la ve muy conmovida…

I: ¿Puedes probar a decirle…?
"Tú eres yo de pequeñita y ya te he encontrado, te he buscado en otros y ahora lo veo".
I: ¿Qué sensación hay, si hay alguna?
C: Estoy sorprendida. Siento un nudo en la garganta, se me acelera el corazón…

Se le propone decir estas frases para explorar hasta qué punto realmente hay un vínculo con esa figura de un niño tan pequeño (que representaba anteriormente a los clientes). Siempre es importante preguntarle cómo siente esa frase, cómo siente decir eso, porque es su resonancia emocional la que nos va a indicar si este vínculo existe o no.

I: ¿Te parece bien que continuemos?
C: Sí, sí… puedo continuar.
I: Si te parece, vamos a atender a la pequeña, y a explicarle parte de lo que ocurrió en su momento. Le dices a la figura del niño pequeño:
"Ya te he encontrado, veo tu dolor y tu necesidad, nadie lo vio.
Mamá murió y papá no volvió a ser nunca el mismo, aquello no tuvo nada que ver contigo, nada que ver con tu llegada al mundo, no hay nada malo en ti.
Sólo eres una más con tus hermanos, y todo aquello fue más grande que tú, y es más grande que yo. No hay nada que arreglar".

(Silencio)

"Tuviste que crecer sintiéndote más grande de lo que eras, para poderlo soportar, y ahora a veces lo hago igual, me hago más grande y te veo en otros a los que quiero cuidar.

Ahora veo que tú eres tú y los otros son los otros.
Dejo de intentar arreglar aquello con los demás, dejo de buscarte en ellos, tienes un lugar en mi corazón".

I: ¿Qué tal ahora? ¿Qué sensación va habiendo?
C: Se me han relajado los hombros. Me siento con más fuerza y empiezo a entender...

(Pausa)

I: Cristina, ahora voy a poner la figura que te representa mirando a la figura que representa a tu madre.

Es importante avisarla de lo que vamos a hacer (ponerla en contacto con la figura de la madre), pues es un momento especial sabiendo que la perdió tan pequeña.

I: Le dices: "Mamá, me dolió mucho perderte, todavía me duele".

Cristina se emociona y llora.

(Silencio)

"Tu muerte tuvo muchas consecuencias para mí y todavía las tiene. Cuánto dolor".

(Silencio)

"Aquello fue más grande que tú y que yo".

Se deja espacio entre una frase y otra, dándole tiempo a que pueda sentir lo que va diciendo. Esto implica largos silencios, que son fundamentales en el despliegue del trabajo.

I: ¿Cómo estás?
C: Necesitaba decir esto.
I: Claro que sí. Prueba a decirle también:
"Ahora puedo empezar a respetar cómo fue para nosotras. Ahora tomo completamente la vida que viene de ti".

Y le dices a la pequeña: "Todo aquello terminó, mamá y papá están en mí, tú estás en mí. Y ahora puedo ocupar mi lugar, sólo mi lugar". ¿Qué tal vas?

C: Siento más "calorcito", más calma. Esto me sirve, me gusta.

Ahora la figura de ella se orienta mirando a la figura nueva que representa a los clientes y la figura del niño pequeño se reúne con la de los padres quedando justo delante de ellos, muy cerca.

I: ¿Qué tal ahora cuando miras la figura nueva que representa a los clientes?

C: Los veo de otra manera.

I: Les dices: "No tenéis nada que ver con todo aquello, ya he visto lo mío y ahora os veo, yo sólo soy la terapeuta".

En este momento se sacan dos figuras nuevas que representan a los padres de los clientes y se ponen detrás de ellos (en este caso es Isabel quien las saca y las coloca).

I: Cristina, quiero que mires las dos figuras que he puesto detrás de la figura de los clientes, y les digas a los clientes: "Puedo ver a vuestros padres detrás de vosotros, dejo de ocupar ese lugar para vosotros, es más grande que yo, y ahora lo respeto".

I: ¿Qué sensación ha habido con esto último?

C: Uy, esto ha sido muy importante para mí... He sentido mucho alivio y mucho respeto. Me da tranquilidad, confianza, ver a sus familias detrás.

I: Sí, la imagen es muy potente.

En esta imagen final, Cristina aparece mirando hacia delante con sus padres detrás y el cliente a su lado con sus padres detrás. La figura de ella de pequeña (que inicialmente eligió para sus clientes), aparece ubicada con sus propios padres. Esto ayuda a que ella deje de ver a esta niña en sus clientes y deje de ocupar el lugar de los padres de los clientes para ellos. Visualmente esta imagen es muy clarificadora.

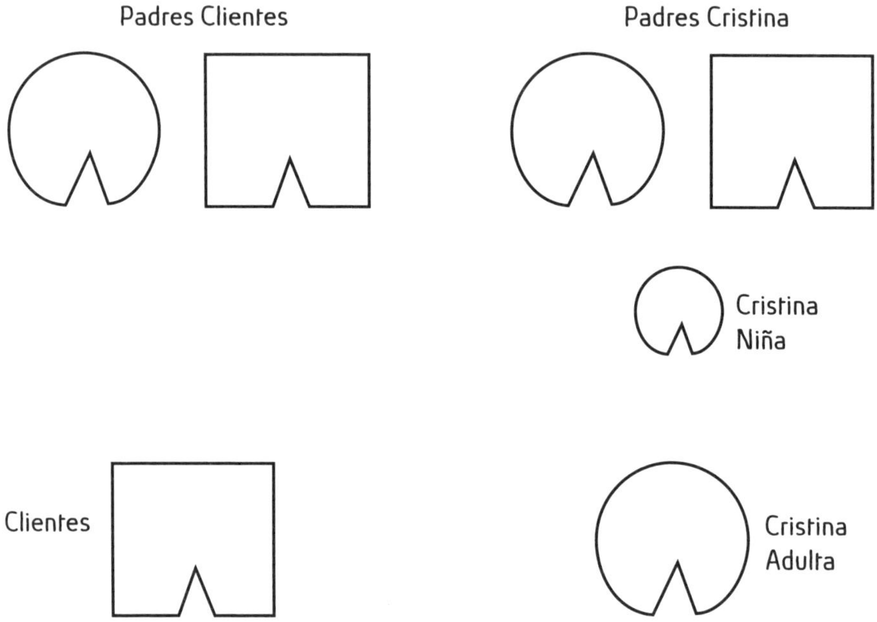

I: ¿Cómo estás si lo dejamos aquí?

C: Muy bien, siento ligereza, me gusta mucho ver esta imagen completa. Me ordena y me tranquiliza. ¡Muchas gracias!

I: Desde este nuevo lugar para ti, podrás mirar a quien esté a tu lado, clientes, parejas, amigos, con más claridad, ocupando sólo tu sitio y dejándoles a los demás el suyo.

Cristina:
"Con mis clientes me cuesta poner límites, siento que hay algo desajustado y que se repite, acabo agotada".

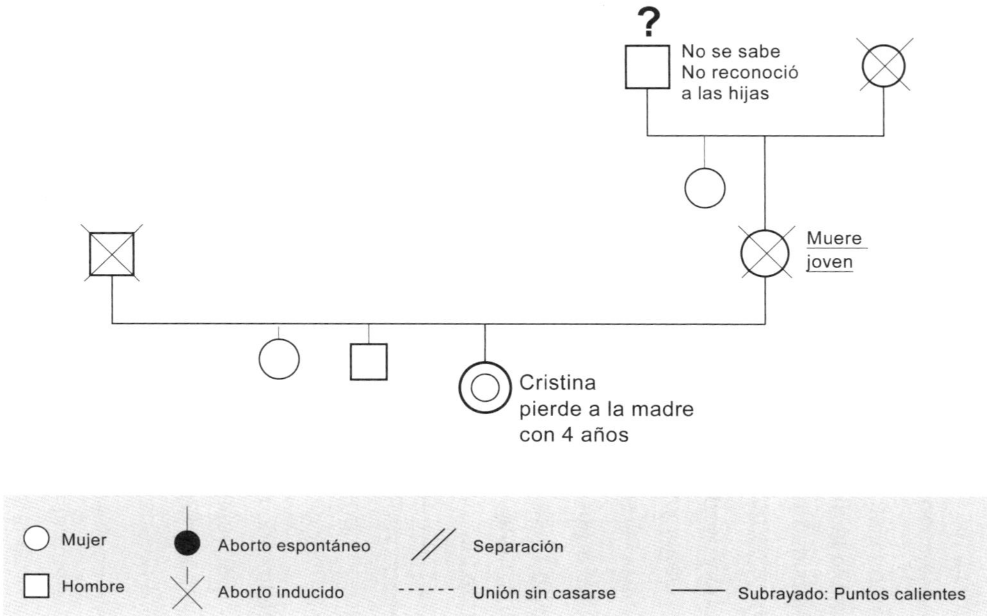

Algunas reflexiones sobre el caso

Ocupar el lugar que nos corresponde en la familia de origen y sentir a los padres detrás proporciona fuerza y claridad. Es por esto que se ha puesto el enfoque en este trabajo con Cristina, en la pérdida de su madre tan temprana y en las consecuencias que ha tenido esto en su vida.

Hemos visto cómo el hecho de poner a sus padres juntos y detrás de ella cambió la dinámica de la imagen inicial, y Cristina sintió inmediatamente la necesidad de que la figura que representaba a los clientes tan pequeños, dejara de ocupar ese lugar a su lado como si ella fuese una madre para ellos.

Cuando podemos sentir a nuestros padres detrás de nosotros, es más fácil ver, sentir y respetar a los padres de los demás. De esta manera no intentaríamos ocupar su lugar para el cliente ni para nadie.

Tener a nuestros padres juntos y detrás es una realidad, incluso si no los conocimos, se fueron pronto o murieron tempranamente los dos o uno de ellos, como en este caso. Esta imagen constituida por una figura masculina y una femenina detrás de Cristina habla de la compatibilidad suficiente que tuvieron dos personas como para que ella esté viva ahora. Es un hecho del que venimos todos. Tenerlo presente ordena, equilibra y da fuerza. Por ello siempre podemos recurrir a esta imagen en el trabajo con muñecos y observar cómo lo siente la persona.

Cristina no pudo tomar a su madre del todo, el dolor por su pérdida siendo tan pequeña ha salido a la luz en este trabajo. Ha podido rescatar a la niña que fue y ha podido reconocerla y acogerla en su corazón. Esto ha servido para que dejara de verse a sí misma en otros sin saberlo.

Esta confusión es la que le ha podido llevar a proyectar en los demás cómo se sintió ella, y a quererles dar lo que a ella le faltó. Es por esto que fue importante trabajar con la figura de la niña hasta ubicarla en un buen lugar con sus padres.

La claridad aumenta en Cristina cuando se incluyen figuras que representan a los padres del cliente (colocándolas detrás de este). Esta imagen aportó mucha calma a Cristina y sirvió para que abandonara ese lugar para ellos.

Los clientes son adultos que tienen su destino y su vida, no son niños. Son adultos que tienen sus propios padres detrás, el terapeuta no puede ser sus padres.

¿Por qué se saca una nueva figura para los clientes? ¿Qué sentido tiene? El hecho de que ella pueda ver las dos figuras (la pequeñita y después, al lado, una nueva de los clientes, de su mismo tamaño[4]) es lo que le permite diferenciarlas, reconocer su proyección y tener una nueva mirada con respecto a sus clientes, para saber que ellos son ellos y ella es ella.

A través de esta Constelación Familiar se nos hace evidente la facilidad de proyectar en el otro los asuntos no resueltos de uno mismo. Se ha visto claramente qué lugar ocupaba Cristina con respecto a sus clientes (el lugar que corresponde más bien a los padres de estos).

Estos desequilibrios entre el "dar y el tomar" posiblemente resuenen en muchas personas que también acompañan a otros en su proceso y que sienten dificultades a la hora de gestionar el tiempo, el dinero y el espacio en la función que desarrollan como terapeutas con ellos. Gracias a este trabajo con Cristina, vemos que hay posibilidades de explorar estos desajustes y que eso también beneficia al desempeño profesional para que sea cada vez más limpio e impecable.

Cuando me coloco como terapeuta en un lugar que no me corresponde, puedo estar ocupando el lugar de los padres del cliente, como hemos visto, y este nunca será un buen lugar para nosotros ni para ellos. Esto crea distorsiones en la relación terapeuta-cliente, que se pueden traducir en no saber poner límites, como, por ejemplo, no cobrar lo que corresponde, cuidar demasiado, no saber manejar bien el espacio ni los tiempos... con la consiguiente confusión y agotamiento.

Sentirnos tan grandes al lado del que nos está pidiendo un servicio, y cuidar y dar al otro de forma excesiva, incluso querer darle lo que no nos pide, además de ser agotador no ayuda. Hacemos a los clientes más pequeños, más desvalidos y dependientes, y así, en realidad, no los miramos con respeto.

4. Que ella misma elija una figura de su mismo tamaño para sus clientes y no más pequeña, nos indica que el trabajo de verlos de otra manera se ha iniciado.

7
Entrevista a Isabel Jiménez Caballero

Ana María Román Leo

Esta entrevista es fruto de las observaciones en las formaciones impartidas por Isabel, de las preguntas frecuentes de los alumnos y de las conversaciones entre las dos que iban surgiendo a lo largo del proceso de elaboración y escritura de este libro.

Un capítulo que pretende ampliar conceptos. Un intento de clarificación en el desafío que supone escribir sobre el transgeneracional, los muñecos y las Constelaciones Familiares en la sesión individual.

Ana: En la sesión individual trabajas casi siempre con la información del genograma, ¿y si no hay mucha información de la historia familiar, como pasa algunas veces?

Isabel: La información que tiene en ese momento la persona sobre su historia familiar siempre es la perfecta. Es decir, que trabajamos como facilitadores con la información que hay, con la confianza de que eso es justo lo que necesita ser visto. La información que hay es suficiente para empezar a explorar con las figuras.

Ana: ¿Siempre trabajaremos con lo que el cliente trae como demanda?

Isabel: En muchas ocasiones necesitaremos primero una indagación con el cliente para poder definir y concretar cuál es su demanda. No siempre es fácil expresar lo que se quiere, y muchas veces lo que el cliente quiere no tiene que ver con lo que necesita. Este trabajo de exploración que realizamos con él al principio forma parte del trabajo en sí, ya que en ese definir la demanda el cliente también va poder ordenar cuáles son sus prioridades y necesidades. En cualquier caso, una vez que se haya concretado, el cliente siempre tendrá que estar de acuerdo en abordar su asunto de esa forma. A menudo, el cliente viene con una demanda concreta, pero como facilitadores podemos considerar que esa demanda no es muy legítima, como por ejemplo querer "constelar" cómo se siente otra persona, o cómo le gustaría que se sintiera, sin responsabilizarse de su parte. Este sería el caso de un cliente que quisiera "constelar" para conseguir que sus padres estén bien y así tener él, como hijo, permiso para hacer su propia vida. En este caso la demanda tendría más bien que ver con la dificultad del cliente para ocupar sólo su lugar como hijo respecto a los padres y respetar cómo está siendo para ellos. Entonces será interesante exponer esto previamente y así ayudarle a reformular su demanda de otra manera.

Ana: ¿Podrías señalar los pasos básicos a seguir en una sesión con muñecos en el proceso de actualización de alguna lealtad del cliente con su Sistema Familiar?

- Primero: reconocer la lealtad que la persona pudiera tener, y con quién, de su Sistema Familiar.
- Segundo: reconocer el dolor o las consecuencias que aquello que ocurrió generó, o que todavía genera en algunos miembros del Sistema Familiar.
- Tercero: respetar cómo fue para todos los implicados.
- Cuarto: dejarlo con ellos.
- Quinto: decretar en voz alta, ante ellos, una nueva forma de ser leal con el Sistema Familiar, ocupando ahora sólo su lugar.

Ana: Una de las preguntas que he escuchado, una y otra vez, en tus formaciones es: ¿cómo saber qué figuras pedirle al cliente que elija para representar su asunto?

Isabel: Eso tiene que ver, entre otras cosas, con el estilo del facilitador, con la información que tenga de la historia familiar de la persona y, por supuesto, con la intuición del facilitador al estar expuesto y abierto ante ese trabajo con el cliente.

Algo que nos permite la sesión individual es la posibilidad de hacer el genograma con más tiempo con la persona, y preguntarnos, como facilitadores, quién de su Sistema Familiar puede estar relacionado con el síntoma que trae, más concretamente, quién de su sistema se pudo haber sentido de la manera que este se siente ahora. Por tanto, sería importante sacar una figura que representara a esa persona del Sistema Familiar. Otra interesante podría ser la del síntoma y, por supuesto, una figura más que represente al cliente. Esta sería una propuesta sencilla para explorar con las figuras el vínculo que pueda existir entre ellas.

Ana: Parece una pregunta simple, pero creo que es importante que quede señalado: siempre tiene que haber una figura que represente al cliente, ¿verdad?

Isabel: Sí, siempre. Es la figura a través de la cual se va a hacer el trabajo. Gracias a ella, la persona se podrá comunicar con el resto de las figuras. Es la principal, la que vamos a usar a lo largo de todo el trabajo para que la persona diga las frases que se proponen a través de ella.

Ana: ¿Dirías que hay un número conveniente de figuras para empezar a explorar un asunto con el cliente?

Isabel: Es interesante empezar usando pocas figuras, ya que cada figura expuesta puede “emitir” una información para la persona (pudiéndola activar emocionalmente). Sacar figuras que representen a los padres que ya han fallecido, hermanos o hijos, no es necesario si no están relacionados con la demanda. Pueden distraer al cliente del asunto que se está explorando. También, cuando hay demasiadas figuras en escena, es más complicado el trabajo tanto para el facilitador como para el cliente. Lo difícil es tratar el asunto de la manera más sencilla posible y si a lo largo del trabajo el facilitador lo viera conveniente, se podrá incluir o retirar alguna figura.

Ana: ¿Cómo se incluye o se retira una figura en una escena que ha colocado el cliente?

Isabel: En principio no hay problema en retirar una figura si vemos que no está siendo necesaria en la escena que estamos viendo. Lo que sí será importante es avisar a la persona para que no le sorprenda, o no le asuste, la retirada de una figura que pueda ser significativa para ella. Por ello, seremos cuidadosos a la hora de hacerlo, tanto al incluirla como al retirarla.

Ana: Una vez que las figuras forman parte de la escena ¿se debería interactuar con todas ellas?

Isabel: Es conveniente explorar con las que creemos que están más directamente relacionadas con el asunto que trae la persona a consulta. Interactuar con las figuras que no están relacionadas con su asunto en la escena podría quitarle fuerza a lo que realmente es importante para el cliente en ese momento.

Ana: Algo que suelo escuchar de los alumnos es si es posible e importante aprenderse algunas de las frases que se dicen en una Constelación Familiar.

Isabel: No, lo importante no es aprenderse las frases, aprendérselas de memoria podría tener como consecuencia que estén desconectadas de la realidad y del momento presente, y eso no funciona. Es verdad que hay frases que usamos habitualmente en una Constelación Familiar y que tienen fuerza; frases que tienen que ver con el reconocimiento de lo que es o de quiénes son, como por ejemplo: “Ahora veo mi dolor, yo soy tu hija y tú eres mi madre, tú eres tú y yo soy yo”... pueden parecer muy básicas, sencillas o evidentes, y sin embargo, producen un gran efecto para la persona al darle orden y claridad.

Como vemos, son frases cortas, descriptivas e inclusivas, y la mejor forma de usarlas es a través de lo que yo llamo la "Técnica del Barrio Sésamo" (ver Capítulo 4: Cómo usar los muñecos en la sesión individual).

Las frases emergen en el facilitador en una actitud de apertura y receptividad con lo que se esté dando a lo largo del trabajo con las figuras, es decir, exponiéndose realmente a la situación del cliente y a la imagen, estando conectado a ello. Esto será más importante que ir diciendo frases aprendidas sin saber muy bien por qué o para qué.

Ana: ¿Cómo definirías un síntoma? ¿Qué es un síntoma para ti?

Isabel: Un síntoma es algo que la persona percibe como un límite en alguno de los aspectos de su vida. Le puede resultar molesto o muy doloroso, y en muchas ocasiones es repetitivo y puede llegar a desbordarle. El síntoma puede ser una enfermedad en sí misma, o también una sensación cuando, por ejemplo, una persona siente que no encuentra su lugar, que no merece la vida o que no hay nada bueno para ella. También es un síntoma tener dificultades para poner límites, o tener conflictos en el trabajo, o en la pareja o en lo económico.

La demanda que trae la persona a consulta tiene que ver con estos síntomas y son los que usaremos como punto de partida para explorar en su biografía y su Sistema Familiar.

Ana: ¿Es importante elegir una figura que represente al síntoma para trabajar con ella?

Isabel: Si se decide elegir una figura que represente al síntoma que trae la persona, será importante que lo que represente esa figura esté bien definido por las dos partes (facilitador y cliente).

Ana: ¿Cuándo se elige sacar una figura para el síntoma?

Isabel: El hecho de decidir sacar o no una figura que represente al síntoma, dependerá del estilo del facilitador y de su hipótesis e intuición en el trabajo concreto. Si se decide pedir al cliente que elija una figura que represente su síntoma, será interesante ver qué figura elige; si por ejemplo, es oscura, grande o pequeña, femenina o masculina... y qué impresiones tiene el cliente al verla; si le asusta, o siente que le apoya, o le acompaña... Es posible que esa información que aparece a través de la figura ya sea en sí misma una ampliación, y a veces incluso una revelación de la función que cumple ese síntoma para la persona.

También puede ser interesante explorar con el cliente otras posibles posiciones para la figura que representa al síntoma, dentro de la misma escena, para ver el efecto que pueda tener en él. Por ejemplo, poner la figura del síntoma al lado del miembro de la familia con el que tenemos la hipótesis de una posible lealtad y ver cómo lo siente el cliente. En muchas ocasiones, el hecho de que sienta alivio al ver esta nueva configuración nos puede indicar la existencia de una lealtad con ese miembro del Sistema Familiar. Una buena pregunta para el cliente siempre será: ¿cómo te sientes al ver colocada esa figura en ese nuevo lugar?

La decisión de poner la figura del síntoma en ese lugar tiene que ver con que el facilitador disponga de cierta información de ese miembro de la familia, al haber elaborado previamente el genograma con el cliente. La intención del facilitador al ponerla en ese sitio debería ser sólo la de explorar una posible lealtad.

Ana: El hecho de que el cliente vea la posible relación de su síntoma con algún miembro de su historia familiar ¿es suficiente para que el trabajo ya esté hecho?

Isabel: La riqueza que tiene trabajar con las figuras es que nos permiten dar un paso más allá al de sólo manejar una información. Poder explorar y ver con las figuras cómo ese síntoma que trae el cliente tiene más sentido en el pasado que en la actualidad, le dará la oportunidad de dejarlo allí donde se originó y donde tiene más sentido. La resonancia física que pueda generarle este acto de "dejarlo allí", sintiendo alivio y fuerza al hacerlo, es lo que realmente le ayuda a sanar.

Ana: ¿Qué tiene que ver el respeto con poder sanar algo?

Isabel: Cuando no podemos mirar y respetar algo propio, o del Sistema Familiar, significa que lo estamos excluyendo (y seguramente existe una parte de esta exclusión que es legítima por el dolor que generó o genera), sin embargo, ya forma parte de la realidad. Y será la "realidad" la que lo vuelva a traer, una y otra vez, hasta que sea incluido y se deje de luchar contra ello como la mejor forma de darle fin.

Una de las labores del facilitador será precisamente detectar cuándo la persona tiene algún sentimiento relacionado con la creencia de que "aquello" no tenía que haber pasado de aquella manera. Por ejemplo, sentimientos de enfado cuando alguien muere muy joven, de rechazo a un suicidio en la familia, de vergüenza por un hijo fuera del matrimonio, o de desprecio a un abuelo alcohólico que lo perdió todo... Todos estos sentimientos son muy legítimos durante un tiempo y, a la vez, es fundamental poder trabajarlos para aceptar "aquello" tal y como fue. Respetar cómo fue es un acto de amor, estará indicando la madurez que conlleva aceptarlo, y supone una toma de consciencia de que lo que ocurre es más grande que nosotros. Y todo eso es muy sanador, ya que nos invita a ocupar sólo nuestro lugar de forma íntegra y a dejar de intentar arreglar lo que no nos corresponde.

Ana: Cuando rechazamos algo que formó parte de la historia familiar, ¿se podría decir que de alguna manera nos estamos excluyendo a nosotros mismos?

Isabel: Sí, si algo hubiese sido diferente a como fue en la historia familiar, la vida no se habría dado de la misma manera hasta el día de hoy, y por tanto ser incluso que no existiéramos.

Por otro lado, he podido observar que acompañar al cliente a una reconciliación con todo lo ocurrido en su Sistema Familiar le facilita poder hacerlo también con sus propios aspectos internos. Si la mirada hacia su propio sistema es más inclusiva y compasiva acerca de los errores que estos cometieron, también podrá tener una mirada más amorosa e inclusiva hacia sí mismo.

Ana: Qué bueno, me parece muy interesante esto que dices. ¿Quieres decir, que también acompañando a la persona en el respeto hacia todo lo ocurrido en su sistema, se estarían al mismo tiempo abordando indirectamente sus aspectos internos?

Isabel: Podríamos decir que el "músculo" que sirve para respetar a los "nuestros" es el mismo que tenemos que usar para mirarnos con respeto a nosotros mismos.

Ana: Como tú lo ves, ¿no haría entonces falta trabajar los aspectos o partes internas de la persona?

Isabel: Claro que es interesante trabajar con los aspectos internos de la persona, es una forma de clarificar y diferenciar partes de sí misma que la acompañan y que pueden estar en conflicto unas con otras, o cumpliendo para ella funciones que quizás ya no son necesarias. El hecho de poder verlas representadas a través de las figuras facilitará el dialogo de unas con otras, o la inclusión de aspectos que han quedado excluidos o rechazados. Eso no quita que también ayude a ello trabajar con el Sistema Familiar, como hemos dicho.

Por ejemplo, podemos abordar la demanda de una cliente acerca de su conflicto entre irse o quedarse en una relación, explorando con ella y con las figuras, estas dos partes: "la parte que quiere irse" y "la parte que quiere quedarse". Esto facilitará que pueda ver qué le aporta cada una de las partes para ubicarse de una forma adulta en su decisión. Otra forma de abordar esta misma demanda es explorar en su Sistema Familiar (con las figuras) cómo fueron las relaciones de las mujeres, para detectar si hubiera alguna lealtad con algunas de ellas que tuvieron que quedarse o tuvieron que irse. Una forma de exploración no tiene por qué excluir a la otra, pues se pueden complementar y ambas suman.

Ana: Hablando de la exclusión, creo que en este punto sería importante matizar, ¿qué significa para ti excluir? ¿Es lo mismo que no respetar?

Isabel: Excluir tiene que ver con dejar algo fuera y eso significa no respetarlo. Cuando se hace esto, suele ser porque posiblemente nos falte información. Tendemos a mirar las cosas sólo desde el lugar en el que estamos, y de esta forma sólo conseguimos ver una parte, y la otra parte, que no vemos, quedaría fuera, excluida, y eso tiene consecuencias.

En el Sistema Familiar, desde el lugar que ocupamos sólo podemos ver una parte de sus miembros y de los hechos que ocurrieron. Por ejemplo, como hijos sólo vemos una parte de nuestros padres y de sus asuntos, no pudiendo ver a veces hechos que ocurrieron antes de que nosotros naciéramos, lo que limita nuestro entendimiento con relación a ellos. Sin embargo, podemos respetar algo, aunque no lo entendamos. Si no tenemos este respeto por lo que no conocemos, pasaremos a excluirlo como solución.

El trabajo con las Constelaciones Familiares facilita esta comprensión, ya que amplía la mirada a muchas de las partes que quedaron invisibles. Sin embargo, a veces el trabajo consistirá en que la persona que está en consulta pueda decir: “Renuncio a entenderlo y lo respeto tal y como fue”, lo que suele ser muy liberador. Se trata de un acto de mayor madurez y orden ante todo aquello que no entendemos o no sabemos, reconociendo con humildad nuestros límites y ocupando sólo nuestro lugar.

Por otro lado, para respetar algo es importante a veces reconocer las consecuencias que “aquello” generó y expresar el enfado y el dolor. También será importante poner límites y distancia, si es necesario, con la persona que lo causó.

Ana: Entonces, según esto último que dices, puedo estar respetando por ejemplo a mi madre y al mismo tiempo no tener una relación con ella, ¿verdad?

Isabel: Habría que diferenciar entre el vínculo y la relación. Nuestro vínculo con cualquier miembro de la familia siempre va a existir. El vínculo siempre es anterior a la relación, como por ejemplo entre una madre y un hijo, o entre hermanos... Sin embargo, eso no implica que tenga que darse una relación.

Lo que es realmente necesario es respetar el vínculo que existe y que siempre existirá, independientemente de si hay o no relación. Un vínculo no depende de la relación que se tenga, ni de lo que se haga o no se haga.

Esto significa que si una persona necesitara poner límites con algún miembro de la familia, hasta el punto de interrumpir la relación, estará bien si lo decide así, pero sin dejar de respetar el vínculo que les une. Poner límites, incluso distancia, en una relación, a veces es la manera más saludable de cuidarla y de cuidarse a uno mismo.

Ana: ¿Y qué significaría entonces eso de respetar el vínculo con el otro?

Isabel: Significaría asumir y aceptar el lugar que ocupamos respecto a cada uno de los miembros del Sistema Familiar. Se trata de respetar un orden que es más grande que nosotros. Por ejemplo, soy la nieta de mi abuelo, me guste o no lo que haya hecho mi abuelo. Respetar este vínculo sería una manera de tomar la vida que me llega a través de él y el resto dejarlo con él.

Ana: ¿Excluir es lo mismo que juzgar?... ¿Te gusta más hablar de excluir que de juzgar? ¿Por algo en especial?

Isabel: Porque es más amplio. Juzgar sería una de las formas que hay de excluir algo.

Ana: No sólo no respetar de dónde venimos parece importante, ¿también ocurre lo mismo cuando excluimos o no respetamos a una persona que tiene que ver con la vida de nuestros hijos, como por ejemplo el padre o la suegra?

Isabel: Cuando una mujer en un proceso de separación dolorosa con el padre de sus hijos, por ejemplo, quisiera eliminar de la escena la figura que representa a este padre, después de ese movimiento habría que sacar también a los hijos comunes de la escena. Esto impactará mucho a la persona y le permitirá entender la importancia que tiene respetar el lugar de cada uno, en este caso el padre que estaba siendo excluido. Más allá de la distancia física, parcial o definitiva que ella tome con respecto a él.

Ana: A veces también te he visto pedirle al cliente que elija una figura que represente a su "yo futuro", ¿podrías decirnos algo más sobre esto?

Isabel: Es un recurso más y le servirá tanto al cliente como al facilitador para sumar información a la escena. Esta figura que representa al yo futuro puede inspirar a la persona a conectar con recursos, capacidades e incluso dones que tiene pero que no sabe que tiene. Figuras que representen la vida, o la energía vital, o el yo futuro, son figuras que ayudan a la persona a proyectarse por un momento en un plano o incluso en una dimensión más amplia de sí misma, libre de limitaciones y lealtades ancestrales que puedan estar influyéndole.

Ana: Utilizas algunas veces la metáfora informática, de los ordenadores, ¿por qué?

Isabel: Es una manera diferente de explicar algo complejo, como es lo que ocurre en una Constelación Familiar. Hay personas, quizás las más jóvenes, que captan mejor lo que supone un proceso de este tipo y se implican más en él cuando entienden un poco mejor cómo está ocurriendo algo que cursa a niveles internos e inconscientes. Este lenguaje a veces facilita esto. Por supuesto que los procesos humanos son más complejos e incluyen matices que se escapan a cualquier intento de explicar cómo ocurren. Sin embargo, creo que eso no es motivo para no hacer aproximaciones que además no excluyan a otras, sino que las amplíen.

Ana: Para terminar ¿Cuál dirías que es tu principal aporte con este libro al campo de las Constelaciones Familiares aplicadas en la sesión individual?

Isabel: La forma en la que cada facilitador trabaja es única. Para mí ha sido importante trasladar cuál es la mía, de la forma más amplia y sencilla posible, ya que creo que puede facilitar a otros empezar a trabajar en la sesión individual, usando herramientas tan potentes como el genograma y los muñecos, en un marco tan amplio y complejo como son las Constelaciones Familiares.

Incorporar la elaboración junto al cliente del genograma de una forma sencilla y a la vez amplia, teniendo en cuenta la visión de las Constelaciones Familiares, nos proporciona un punto importante de referencia a la hora de elegir las figuras para explorar su asunto con él. La construcción del genograma con la persona es la forma de dar voz a los ancestros para que nos hablen mostrándonos parte de su historia. Esto facilita el trabajo en la sesión individual, ya que las figuras, a diferencia de los representantes en un grupo, no se mueven por sí mismas. El hecho de tener este genograma en consulta, con las frases que el propio cliente usó para hablar de ellos y de sí mismo, nos dará muchas pistas de por dónde empezar a trabajar con las figuras o por dónde continuar. La forma de usar los muñecos en la sesión es clave para que se conviertan en representantes de miembros de la familia o de asuntos personales para el consultante, llegando a transmitir una información valiosa para él.

Para acabar esta entrevista me gustaría añadir lo imprescindible que ha sido para mí contar con tu inspiración, Ana, con tu apoyo y trabajo de una manera tan firme y amorosa, de principio a fin, en la elaboración este libro. Ha sido un viaje precioso e inolvidable juntas y mi deseo, como también sé que es el tuyo, es que sea útil a otros.

Por muy seductora y completa que nos pueda resultar cualquier herramienta, técnica o mirada, y esta lo es, es importante que eso mismo no nos deslumbre como para no ver lo que realmente necesita salir a la luz, y no tanto lo que queremos y creemos ver nosotros o ellos (los clientes).

Para ello, tendremos que reconocer nuestros límites, los de la propia herramienta y los que a veces marca el destino de la persona. A la vez, es útil y precioso para estar en la vida y para ejercer este trabajo estar en una continua ampliación de nuestra mirada y nuestro corazón, en una continua actualización vital.

Títulos recomendados

Colección: AMAE

ISBN: 978-84-330-3263-8

Páginas: 208

Encuadernación: Rústica con solapas

Formato : 15,5 x 21,5 cm

Edición: 1ª

Pedro Valentín-Gamazo

Entre la fuerza y lo vulnerable

Acompañamiento a los hijos nacidos prematuros
desde el parto a la adolescencia

Colección: Serendipity

ISBN: 978-84-330-2181-6

Páginas: 164

Encuadernación: Rústica con solapas

Formato: 14 x 21 cm

Edición: 16ª

Peter Bourquin

Las constelaciones familiares

En resonancia con la vida

Colección: AMAE
ISBN: 978-84-330-3014-6
Páginas: 112
Encuadernación: Rústica con solapas
Formato : 15,5 x 21,5 cm
Edición: 1ª

Alicia Gadea Vidal

Técnica de reparentalización con muñecos

Juanita y el despertar del Niño resiliente que todos llevamos dentro

Colección: Serendipity MAIOR
ISBN: 978-84-330-2921-8
Páginas: 208
Encuadernación: Rústica con solapas
Formato: 17 x 22 cm
Edición: 1ª

Peter Bourquin

Fuerzas que sanan

Constelaciones sistémicas sobre enfermedad y salud

AMAE

Directora: Loretta Cornejo Parolini

ÚLTIMOS TÍTULOS PUBLICADOS

Es que soy adolescente ... y nadie me comprende, por Pilar Guembe y Carlos Goñi (2ª ed.)

El nuevo ideal del amor en adolescentes digitales. El control obsesivo dentro y fuera del mundo digital, por Nora Rodríguez

Vincúla*te*. Relaciones reparadoras del vínculo en los niños adoptados y acogidos, por José Luis Gonzalo Marrodán (3ª ed.)

Érase una vez el perdón. Un itinerario hacia el perdón y la reconciliación en el counselling a través de los cuentos, por Ana García-Castellano García (2ª ed.)

Porque os quiero a los dos. Pedagogía sistémica para padres y profesionales de la educación, por Barbara Innecken

Adolescencia: mitos y enigmas, por Gerardo Castillo Ceballos

Sal de tu mente y entra en tu vida para adolescentes. Una guía para vivir una vida extraordinaria, por Joseph V. Ciarrochi, Louise Hayes, Ann Bailey (2ª ed.)

Trastornos de alimentación y autolesiones en la escuela. Estrategias de apoyo en el medio escolar, por Pooky Knightsmith

20 ideas básicas para ayudar a crecer a tus hijos. Cuaderno de notas, por Chandra Atkinson

Mírame, siénteme. Estrategias para la reparación del apego en niños mediante EMDR, por Cristina Cortés Viniegra (7ª ed.)

Educar entre dos, por Pilar Guembe y Carlos Goñi

Educando la alegría, por Pepa Horno Goicoechea (2ª ed.)

La armonía relacional. Aplicaciones de la caja de arena a la traumaterapia, por José Luis Gonzalo Marrodán y Rafael Benito Moraga (2ª ed.)

La magia está en tu interior. Meditación para niños, guía para padres, por Patricia Zubizarreta Canillas

Conversando con Erik. Una mirada gestáltica y relacional en la terapia y educación con niños y adolescentes, por Loretta Zaira Cornejo Parolini y Erik Baumann Cornejo

El convivenciario. Cuentos con valor, por Juan Lucas Onieva López

La danza de las emociones familiares. Terapia Emocional Sistémica aplicada con niños, niñas y adolescentes, por Mercedes Bermejo Boixareu (2ª ed.)

Adopción, trauma y juego. Manual para tratar a los niños adoptados y maltratados a través del juego, por Montse Lapastora y Noelia Mata (2ª ed.)

Técnica de Reparentalización con Muñecos. Juanita y el despertar del Niño resiliente que todos llevamos dentro, por Alicia Gadea

El eneagrama infantil. Amar su cambio, apoyar su proceso, comprender su carácter, por Luis Arribas de la Rubia (2ª ed.)

El juego de conocerse. Un método de desarrollo integral del niño, por Marcela Çaldumbide, Ainhoa Uribe, Sara Veneros

Cuentos con emoción, por Eugenio Maqueda Cuenca, Juan Lucas Onieva López

Cuentos para sanar y crecer felices. Autoestima y ansiedad, por María Azucena Villén

Musicoterapia. Abordaje de Salud mental infanto juvenil, por Miguel Ángel Diví

El daño que se hereda. Comprender y abordar la transmisión intergeneracional del trauma, por Carlos Pitillas Salvá (4ª ed.)

Poniendo alma al dolor. Intervención terapéutica con niños, niñas y adolescentes víctimas de abuso sexual infantil, Coordinación: Pepa Horno Goicoechea; y Elena González Hernández - Carolina Moñino Bermejo - Carmen Ruiz Hernández

Psicología del bebé adoptado, Montse Lapastora

Última llamada en la frontera. Prevención de las conductas suicidas en adolescentes, Francisco Javier Díaz Calderón

La magia de los niños. Guía práctica para educar en la vida real, Gemma Díaz Ruiz

"Mamá, me he parado por dentro". Cómo cuidar el motor interior de tu hijo, Marina Escalona del Olmo

Hijos emperadores, padres que obedecen. Cómo manejar los límites en la crianza, Bernardo Ramallo

Infancia bien tratada, adolescencia bien encaminada, Leticia Garcés (2ª ed.)

Cuaderno de trabajo de *mindfulness* para adolescentes. Habilidades poderosas para encontrar la calma, desarrollar la autocompasión y aumentar la resiliencia, Patricia Rockman, MD, Allison McLay, DCS, M. Lee Freedman, MD

Cerebros moldeando otros cerebros. Cómo las relaciones interpersonales guían la evolución del cerebro infantil adolescente desde el nacimiento, Rafael Benito Moraga

La gestión de la ansiedad social en niños y adolescentes. Actividades prácticas para reducir el estrés y fortalecer la autoestima, Sue Jennings

Entre la fuerza y lo vulnerable. Acompañamiento a los hijos nacidos prematuros desde el parto a la adolescencia, Pedro Valentín-Gamazo Valle

Estrategias sensoriales y motoras. Formas prácticas de ayudar a los niños y jóvenes autistas a aprender y a tener éxito, Corinna Laurie

Los ancestros hablan. El transgeneracional, las Constelaciones Familiares y los muñecos en la sesión individual. Teoría y casos prácticos, Isabel Jiménez Caballero - Ana María Román Leo

AMAE ILUSTRADA

¿Cómo puedo salir de aquí?, por Cristina Cortés Viniegra

Los Abracadabrantes de Bojiganga y las emociones desbordadas, por Mª José Lamas

Psicopatología infantil, por Georgia Ribes y Roberto Calvo

Mi familia me hace feliz, por Monse Lasconi

Mirándome con amor, por Noelia Mata, Montse Lapastora, Raquel Fariñas

Cuéntame cuando sí anidé en una tripa y sí nací, por Cristina Cortés Viniera, Lorea Larraya - June García

El invernadero semillero, Cristina Cortés Viniegra, Zuzene Seminario

Esculpiendo palabras en la arena, Cristina Cortés Viniegra, Zuzene Seminario